어린이용 역사책으로『두근두근 한국사』가 가지는 장점은 무엇보다도 시각 자료의 활용에 있다. 그림이나 사진은 글에 비해 훨씬 다양한 사고를 유도한다. 이제까지 어린이용 역사책들에도 시각 자료가 적잖이 들어갔지만, 글의 내용을 이해하기 위한 보조 자료의 성격을 띠는 경우가 보통이다. 이와는 달리『두근두근 한국사』는 그림이나 사진에서 역사적 사실을 풀어 나간다. 이 책에 실린 그림과 사진을 보며 우리는 상상 속에서 지난날 사람들의 삶에 빠져든다. 그리고 난 뒤 글을 읽으면서 생각의 폭을 넓히고 깊이를 더할 수 있다.
**김한종_한국교원대학교 역사교육과 교수**

역사 교과서 국정화로 역사 교육에 대한 관심이 그 어느 때보다 높아졌지만, 막상 아이들과 어떻게 역사와 마주할지에 대해서는 사실 막막한 것이 현실이다. 이런 상황에서 새로운 대안을 열어 갈 책이 나왔다. 바로『두근두근 한국사』이다. 이 책은 사진 뜯어보기나 역사적 사건에서 메시지 찾기 등 그동안 교과서에서 제대로 다루지 못한 역사 교육의 새로운 내용과 방법을 유쾌하면서도 알차게 제시한다. 초등 역사 교과서와 어린이 역사 교육의 대안으로 이 책을 추천한다.
**전국초등사회교과모임**

손에 잡힐 듯한 역사!
이 책 원고를 보면서 가장 먼저 떠오른 말이다. 어쩌면 박물관이나 유적지에서 만났을 법한, 언젠가 인터넷이나 사진첩을 통해 만났을 법한 유물이나 유적과 사진에게 말을 건다. 그리고 그 속에 담긴 역사 이야기를 끌어낸다. 이 책의 길잡이 선생님들은 오랫동안 어린이 역사책을 만들었거나, 어린이들과 함께 역사를 공부하고 이야기하던 분들이어서 아이들에게 필요한 점을 잘 짚었다.
**김육훈_역사교육 연구소 소장**

이 책을 읽으면 무엇이 "두근"거릴까? 이 책은 곳곳에 해당 시기의 역사 이미지를 배치하고 독자들에게 끝없이 "왜?" "무엇?"이라는 질문을 던진다. 질문에 대한 답이 꼭 하나일 필요는 없다. 하나의 정답에 익숙한 독자들에게도 이내 "왜 그럴까?"를 스스로 생각해 보게 하는 좋은 습관을 갖게 한다. 또한 통사의 형식을 취하면서도 주제별로 구성되어 있어 관심 있는 주제를 골라 순서 없이 읽어도 훌륭한 역사 공부가 가능한 책이다. 독자들이 박제화된 역사 교과서에서 만나기 어려운 다양한 관점의 역사 해석을 만나 가슴이 두근거리길 바란다.
**조한경_전 전국역사교사모임 회장, 부천여자고등학교 역사 교사**

역사를 흔히 '오래된 미래'라고 합니다. 역사는 단순히 어제의 이야기가 아니라 오늘을 보고 내일을 생각하는 이야기입니다.『두근두근 한국사』는 생각을 하게끔 하는 흥미로운 질문을 통해 아이들에게 역사를 자신의 이야기로 만들어 줍니다. 역사를 공부할 필요가 없다고 생각하거나 어렵다고 생각하는 모든 사람에게 이 책을 추천합니다.
**조성래_체험학습연구회 모아재 사무국장, 경기 진안초등학교 교사**

역사 속 그림과 유물 들의 목소리를 들어 본 적 있을까? 책을 읽다 보면, 그림 속 인물들이 각자 자신의 목소리를 갖고 살아나 꽁꽁 감춰 둔 이야기를 들려준다. 그래서일까? 이 책을 읽다 보면, 당장 박물관으로 뛰어가고 싶어진다. 유물을 마주하고 앉아 도란도란 이야기를 나눠 보자. 아이와 부모, 학생과 선생님 모두 역사 속 그림의 매력에 빠져들게 될 것이다.
**이은진_서울 발산초등학교 교사**

『두근두근 한국사』는 수많은 문화유산을 보고 '아하, 그렇구나!'하고 느낄 수 있게 해 주는 책이다. 또한 자신이 알고 있는 사실도 다르게 생각해 보며 상상의 나래를 펼칠 수 있게 해 준다. 이 책을 통해 어린이들은 호기심을 가득 안고 두근거리는 마음으로 역사 속 재미난 이야기들을 만나게 될 것이다.
**황은희_『그림으로 보는 한국사』 지은이, 서울 창원초등학교 교사**

이 책은 어린이들에게 역사에 대해 설명하기보다는 먼저 질문을 한다. 또한 어려운 역사를 흥미 있게 직접 보고, 체험할 수 있도록 안내하고 있다. 어린이들은 이 책을 보면서 역사에 대해 질문하고 유물과 유적을 직접 보며 체험하는 동안 이전과는 다른 역사 경험을 하게 될 것이다. 외우는 역사가 아닌, 생각하고 느끼는 살아 있는 역사 경험을 할 것으로 기대한다.
**문재경_부산 효림초등학교 교사**

어린이 여러분, 역사는 지루하고 재미없는 걸까요? 아니에요. 사람들의 삶의 이야기, 옛날이야기예요. 이 책은 옛날 사람들이 만들고 사용한 물건들(사진, 그림)을 바탕으로 역사 이야기를 풀어냈습니다. 박물관이나 유적지에서 그냥 스치듯이 보던 문화재들을 새로운 시각으로 볼 수 있을 겁니다.
**황승길_안성초등학교 교사**

교과서에서 단 한 줄로 설명되어 있는 각종 유적들, 박물관에서 아무리 구경해도 별로 와 닿지 않는 유물이 『두근두근 한국사』를 통해 새로운 모습으로 다가옵니다. 여러 가지 유물에 담긴 이야기들을 통해 옛사람들의 삶을 간접 체험하고, 역사적 추리를 가능하게 하는 새로운 방식의 역사 길라잡이입니다.
**김민우_남양주 별내초등학교 교사**

우리 땅 곳곳에 남겨진 지난 역사를 다채로운 사진과 그림을 곁들여 마치 눈앞에 있는 것처럼 생생하게 되살려 내고, 궁금한 것을 질문하며 풀어 낸 이야기책이라 초등학생뿐만 아니라 어른들에게도 흥미진진한 역사책이 될 것이라 생각합니다. 한 호흡으로 단번에 읽었습니다. 재미있지만 가볍지 않고, 진지하지만 지루하지 않은 이 책을 여러분께 강력 추천합니다!
**박연미_울산 복산초등학교 교사**

# 두근두근 한국사

## 그림 전미화

한국일러스트레이션학교에서 그림 공부를 시작했어요. 2009 CJ 그림책상에서
50인의 일러스트레이터 가운데 한 명으로 선정되어 주목을 받았어요.
쓰고 그린 책으로 『미영이』 『달려라 오토바이』 『눈썹 올라간 철이』 『씩씩해요』,
그린 책으로 『몽당연필도 주소가 있다』 『책 씻는 날』 『호주머니 속 알사탕』들이 있어요.

## 두근두근 한국사 ❶ -선사 시대부터 조선 중기까지

1판 1쇄 | 2016년 2월 15일   1판 11쇄 | 2025년 1월 15일

글쓴이 | 김종엽, 박찬희, 배성호   감수 | 김한종   그린이 | 전미화
펴낸이 | 조재은   편집 | 김연희 임중혁 이정우   디자인 | 하늘·민   마케팅 | 조희정   관리 | 정영주
펴낸곳 | (주)양철북출판사   등록 | 2001년 11월 21일 제25100-2002-380호
주소 | 서울시 영등포구 양산로 91 리드원센터 1303호   전화 | 02-335-6407   팩스 | 0505-335-6408
전자우편 | tindrum@tindrum.co.kr   ISBN | 978-89-6372-192-7 74910   값 | 15,000원

ⓒ 김종엽·박찬희·배성호, 2016
이 책의 내용을 쓸 때는 저작권자와 출판사의 허락을 받아야 합니다.

잘못된 책은 바꾸어 드립니다.

어린이제품 안전특별법에 의한 기타표시사항
품명 아동 도서 | 제조자명 (주)양철북출판사 | 제조년월 2020년 10월 19일 | 제조국 대한민국
주소 서울시 영등포구 양산로91 리드원센터 1303호 | 연락처 02-335-6407 | 사용연령 8세 이상

# 두근두근 한국사

1 - 선사 시대부터 조선 중기까지

김종엽·박찬희·배성호 글 | 김한종 감수

양철북

♥ 작가의 말 ♥

# 역사와 친구 해요

'역사' 하면 어떤 생각이 떠오르나요? 이 질문에 대한 답변은 사람들 생김이 저마다 다르듯 참 다양할 듯싶어요. 그런데 신기한 게 있어요. 역사 영화나 드라마 또는 역사 이야기를 보고 들을 때는 재미있는데, 막상 교과서 등으로 역사를 공부하려고 하면 참 어렵고 외워야 할 것이 많다고 느껴지지 않나요? 사실 그건 어린이 친구들만 그런 것이 아니에요. 부모님들도 그렇고 심지어 선생님들 중에도 그런 분이 많아요.

역사와 어떻게 마주하느냐에 따라서 역사가 재미있는 영화처럼 다가올 수도 있고, 어려운 시험 문제처럼 느껴질 수도 있어요. 그저 중요한 역사적 사실들을 외우기만 하는 것은 사실 진정한 역사라고 말할 수 없어요. 역사는 살아 숨 쉬는 사람들의 생생한 이야기들이기 때문이에요.

역사와 만나는 것은 마치 새로운 친구를 만나는 것과 비슷해요. 친구와 처음 만났을 때는 낯설고 어색하지만, 조금씩 친해지면서 친구에 대해 새롭게 알게 되고, 돈독한 우정을 쌓을 수 있죠.

이 책에서는 친구를 사귀듯 역사와 친해지는 방법을 나누려고 해요. 익숙하게 접하는 역사 속 유물 그림이나 사진에게 말을 걸어 보면서 역사와 만나는 거예요. 신기하게도 이 속에는 무수히 많은 이야기가 담겨 있어요. 이 그림과 사진들에 말을 걸어 보고, 대화를 나누다 보면 살아 숨 쉬는 역사와 생생하게 마주할 수 있답니다. 그 과정에서 역사의 숨겨진 매력들과 만나고, 자연스럽게 생각을 키울 수 있을 거예요.

그럼 지금부터 역사와 친구가 되는 유쾌한 여행을 떠나 볼까요?

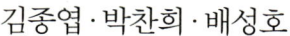

김종엽·박찬희·배성호

## 차례

작가의 말 ····· 4

**1부**
# 선사 시대부터 후삼국 시대까지

1 우리가 딛고 서 있는 이 땅의 주인은 누구? ····· 10
2 왜 돌멩이가 박물관에 있지? 주먹 도끼 ····· 14
3 왜 빗살무늬를 그렸을까? 빗살무늬 토기 ····· 22
4 왜 바위에 그림을 새겼을까? 반구대 암각화 ····· 28
5 무엇에 쓰는 물건일까? 농경문 청동기 ····· 36
6 커다란 돌을 왜 세웠을까? 고인돌 ····· 42
7 왜 철을 베고 누웠을까? 대성동 고분군 ····· 48
8 세상에서 제일 큰 돌책? 광개토 대왕릉비 ····· 54
9 왜 신하를 죽여야 했을까? 이차돈 순교비 ····· 60
10 문화유산 재미있게 보는 법 삼국 시대 대표 문화유산 ····· 66
11 역사는 모두 진실일까? 낙화암 ····· 76
12 저곳에 누가 있을까? 석굴암 ····· 82
13 발해는 어떤 나라일까? 정효 공주 무덤 ····· 90

## 2부 고려 시대

14 벌거벗은 사람은 누굴까? 왕건 동상 …… 98
15 그림 속 사람들은 무슨 이야기를 들려줄까? 척경입비도 …… 104
16 인생 역전은 가능했을까? 아집도 대련 …… 110
17 많이많이 태어나라 청자 상감동화포도동자문 조롱박모양 주전자와 받침 …… 116
18 전쟁 중에 왜 팔만대장경을 만들었을까? 팔만대장경 …… 122
19 고려 불화에는 어떤 비밀이 숨어 있을까? 아미타 삼존도 …… 130
20 두 사람 사이에는 어떤 일이 있었을까? 공민왕 사당 …… 136

## 3부 조선 시대 전기에서 중기까지

21 왕이 제사를 지낸 까닭은? 종묘 제례 …… 144
22 조선 사람들은 어떻게 세계 지도를 그렸을까? 혼일강리역대국도지도 …… 150
23 고려의 충신 정몽주가 조선의 충신이 된 까닭은? 오륜행실도 …… 156
24 왕세자도 입학식을 했다고? 왕세자 입학도첩 …… 162
25 세종은 왜 한글을 만들었을까? 훈민정음 …… 168
26 세숫대야일까, 솥단지일까? 앙부일구 …… 174
27 지폐 속 주인공은 누구일까? 신사임당 …… 180
28 전쟁을 그림에 담다 동래부 순절도 …… 186
29 조선 통신사가 일본으로 간 까닭은? 조선 통신사 …… 192
30 삼전도비에 왜 낙서를 했을까? 삼전도비 …… 198

찾아보기 …… 204   참고도서 …… 206   사진 제공 …… 208

1부

# 선사 시대부터 후삼국 시대까지

1 우리가 딛고 서 있는 이 땅의 주인은 누구?
2 왜 돌멩이가 박물관에 있지? - 주먹 도끼
3 왜 빗살무늬를 그렸을까? - 빗살무늬 토기
4 왜 바위에 그림을 새겼을까? - 반구대 암각화
5 무엇에 쓰는 물건일까? - 농경문 청동기
6 커다란 돌을 왜 세웠을까? - 고인돌
7 왜 철을 베고 누웠을까? - 대성동 고분군
8 세상에서 제일 큰 돌책? - 광개토 대왕릉비
9 왜 신하를 죽여야 했을까? - 이차돈 순교비
10 문화유산 재미있게 보는 법 - 삼국 시대 대표 문화유산
11 역사 기록은 모두 진실일까? - 낙화암
12 저곳에 누가 있을까? - 석굴암
13 발해는 어떤 나라일까? - 정효 공주 무덤

# 우리가 딛고 서 있는 이 땅의 주인은 누구?

서귀포 해안에서 사람발자국 화석이 발견되었어요.

    2001년 제주도 서귀포 해안에서 사람 발자국이 찍힌 돌이 발견되었어요. 이곳에서는 사람 발자국 말고도 새와 소, 사슴 발자국 화석, 어류와 무척추 동물의 다양한 생활 흔적 화석이 백여 점이나 함께 발견되었어요. 이것은 1만 5천 년 전쯤 이곳 해안을 거닐던 사람들의 흔적이라고 해요. 그러니까 아주 오랜 옛날부터 한반도에 사람들이 살았다는 직접적인 증거예요. 그뿐만 아니라 그때 살았던 동물들과 자연환경도 알 수 있는 귀중한 자료이죠. 그런데 그 이전에는 이 땅에 누가 살았을까요?

    ♪ 아주 옛날에는 사람이 안 살았다는데 ♪
    ♪ 그럼 무엇이 생겼었을까 ♪
    ♪ 공룡이 헤엄치고 익룡이 날아다니고 ♪

이 노랫말처럼 아주아주 먼 옛날, 그러니까 사람들이 살기 훨씬 전에 이 땅의 주인은 바로 공룡이었답니다. 어린 시절 누구나 한번쯤은 좋아했던 공룡이 우리나라에도 실제 살았다는 사실을 알고 있나요? 2008년 경기도 화성에서 발견된 '코리아케라톱스 화성엔시스'는 트리케라톱스의 먼 조상뻘로 밝혀졌어요. 게다가 우리나라에서 붙인 이름이라 '코리아'와 '화성'이라는 이름이 들어가 있는 것으로도 유명하죠. 이 밖에도 한반도 곳곳에서 공룡알 화석과 공룡 발자국 화석, 익룡 발자국 화석이 발견되었어요.

지금까지 발견된 공룡의 흔적들은 약 1억 년 전쯤 이 땅이 공룡들의 천국이었음을 말해 주는 증거들이에요. 지금은 바닷가이지만, 아주아주 먼 옛날에는 바닷가가 아니라 커다란 호수가 있거나 강물이 흘러들던 곳이어서 공룡은 물론 물을 마시러 찾아온 새나 다른 동물도 살기 아주 좋은 곳이었어요. 그러니까 그때 우리 땅의 모습은 삼면이 바다로 둘러싸인 한반도가 아니었어요. 지금처럼 한반도가 생겨난 것은 약 1만 년 전쯤 기온이 따뜻해지면서 빙하가 녹는 바람에 바닷물이 많아졌기 때문이에요. 그 이전에는 중국과 일본 그리고 한반도가 모두 하나로 연결된 대륙이었어요. 그럼 한반도가 생겨나기 이전에 지구는 어땠을까요?

지구의 나이를 흔히 약 46억 살이라고 하죠? 지구는 소용돌이치는 우주 속에서 가스와 먼지구름이 모여 만들어졌는데, 처음에는 수많은 운석이 떨어지고 번개가 번쩍이고 화산이 폭발하는 뜨거운 별이었대요. 그러니 생명체가 당연히 살 수 없었죠.

그러다가 시간이 아주 많이 흘러 지구가 차츰 식으면서 땅이 생겨났어요. 그리고 공기가 생겨나고 큰 비가 내리면서 바다도 만들어졌어요. 마침내 초록별 지구에 생명이 탄생할 준비가 된 거죠.

지구 상에 생명체가 처음 등장한 것은 바다에 사는 박테리아 같은 원시 생명체였는데, 그때가 30억 년 전쯤이래요. 이러한 생명체가 광합성 활동을 하면서 산소가 점점 많아지자, 더 많은 생명체들이 생겨나 진화를 시작했대요.

시간이 더 흘러 3억 6천만 년 전부터는 땅 위에 양서류가 번성하면서 파충류가 등장했고, 그다음에는 날개 달린 곤충도 나타났어요. 2억 3천만 년 전부터는 공룡이

등장했죠. 6천 5백만 년 전에는 영장류가 등장했고, 8백만 년 전부터는 유인원과 인류가 따로 진화하면서 마침내 사람이 지구 상에 그 모습을 드러냈답니다. 그때가 약 4백만 년 전쯤이었어요. 마치 아기가 열 달 동안 엄마 배 속에서 자라다가 태어나듯이, 인류도 기나긴 지구의 역사 속에서 마침내 탄생한 거예요. 그래서 땅을 어머니와 같다고 말하기도 해요. 지금까지 46억 년의 지구 역사를 숨 가쁘게 살펴보느라 힘들었죠?

그동안 우리는 종종 사람만이 지구별의 주인이라고 생각하곤 했어요. 그런데 사람이 살기 전부터 이 지구에는 수많은 생명이 살았고, 지금도 함께 살고 있다는 사실을 잊지 말아야 해요! 또 이렇게 긴 시간의 역사 속에서 수많은 생명이 나타나고 사라졌다는 사실도 기억해야 하죠. 왜냐고요? 우리 인류도 언젠가 멸종할지 모르잖아요!

국립 중앙 박물관에 전시된 주먹 도끼

## 왜 돌멩이가 박물관에 있지?

사진을 보면 전시관 안에 돌멩이가 조심스럽게 전시되어 있어요. 왜 돌멩이가 박물관의 유리 상자 안에 있는 걸까요?

그러고 보니 보통 돌멩이와 다른 점이 있어요. 돌멩이에 손잡이처럼 보이는 하얀 막대기가 달려 있어요. 이런 게 달려서 귀한 대접을 받는 것이라면 다른 돌멩이에도 이런 것을 붙이면 되겠지요.

그런데 이것 때문만은 아닌 것 같아요. 뚫어지게 보니까 주위에서 쉽게 볼 수 있는 돌멩이와 다른 점이 있어요. 첫째, 위쪽 끝은 뾰족하고 아래쪽으로 내려오면서 둥글둥글해져요. 저 돌 끝으로 맞는다면? 으악! 엄청 아플 것 같아요. 둘째, 옆선이 칼날처럼 날카로워요. 셋째, 깨진 면을 자세히 보니까 자연적으로 깨진 게 아니라 어떤 모양을 만들기 위해서 일부러 깨뜨려 만든 것 같아요. 맞아요, 이 돌은 그냥 깨진 돌이 아니라 일부러 깨뜨린 돌이에요.

**그런데 왜 돌을 이렇게 깨뜨렸을까요?**

## 왜 돌을 깨뜨렸을까

아래 사진을 볼까요? 차림새를 보니까 선사 시대 사람들 같아요. 먹을 것을 구하러 나온 사람들이 들판에서 사나운 동물들과 마주쳤어요. 그런데 사람들은 도망치지 않고 동물들이 무슨 행동을 하는지 살펴보거나 여차하면 맞붙어 싸우려는 것 같아요. 무섭지도 않나 봐요. 사람들이 손에 뭔가 쥐고 있어요. 사나운 동물을 무찌를 무기 같아요. 자세히 보니 돌이네요.

"이건 보통 돌이 아니라고. 끝을 날카롭게 만든 주먹 도끼라고."

아하! 자신감은 바로 이 주먹 도끼에서 나왔군요. 동물에게 날카로운 이빨이 있다면, 이들에게는 날카로운 주먹 도끼가 있어요. 박물관에서 전시하고 있는 깨뜨린 돌멩이가 바로 이런 '주먹 도끼'예요.

주먹 도끼

사나운 짐승을 만난 구석기 시대 사람들

찍거나 베거나 자를 수 있는 주먹 도끼는 오랜 시간 동안 중요한 도구로 사용되었어요. 그러나 시간이 지나면서 점차 사람들은 무겁고 큰 주먹 도끼 대신 작고 정교하며, 특별한 쓰임새를 가진 여러 가지 돌 도구를 만들었어요. 이런 것들 가운데 '슴베찌르개'가 있어요. 아이 손가락 정도로 길이가 짧고, 무게도 가벼워요. 끝은 더욱 뾰족하고 옆은 날카로워 창끝에 달면 위력적인 무기가 되죠. 만약 왼쪽 사진에 있는 사람들이 주먹 도끼 대신 '슴베찌르개'를 단 창을 들었다면 어땠을까요?

슴베찌르개

아래 사진의 깨뜨린 돌들을 보면 어떻게 썼을지 쉽게 짐작되지 않죠. 우리 눈에는 비슷비슷해 보이는 이 돌들을 그 시대 사람들은 어떻게 썼을까요? 지금도 고기를 자를 때, 과일을 깎을 때, 연필을 깎을 때 쓰는 칼의 모양이 모두 다른 것처럼 이때도 쓰임새에 따라 다른 모양의 돌을 만들었어요. 긁개로 가죽을 벗기거나 살을 발라내고, 밀개로 가죽에 붙은 털을 깨끗하게 없앨 수 있었죠. 그뿐만이 아니에요. 뚜르개로 동물 가죽에 구멍을 뚫어 옷을 만들어 입었어요. 실제로 이 일이 가능한지 궁금했던 요즘 사람들이 실험을 해 봤어요. 그리고 나서 한 말은 "잘된다."였대요. 이처럼 돌을 깨뜨려 생활에 필요한 도구를 만들어 쓰던 때를 뭐라고 부를까요? '구석기 시대'라고 불러요. 그리고 사람이 일부러 돌을 깨뜨려 만든 도구를 흔히 '뗀석기'라고 해요.

긁개 　　　　　 밀개 　　　　　 뚜르개

## 그들은 생활의 달인!

박물관에서 본 끝이 뾰족하고 날카로운 주먹 도끼를 만들어 볼까요? "별거 아닐 걸!" 하고 웃으며 돌을 내리쳤어요. 그런데 돌이 "쩍!" 하고 갈라지기는 갈라졌는데 예상과 달리 엉뚱한 부분이 깨져 나갔어요. 다시 한 번 해 봐도 마음대로 되지는 않고, 점점 손만 아파 와요. 구석기 시대 사람들도 다양한 기술로 능숙하게 주먹 도끼를 만들기까지 선배들로부터 도움말을 듣고 손을 다쳐가며 연습했을 거예요. 그러다 보니 구석기 사람들은 돌을 잘 다루는 사람, 즉 돌의 달인이 되었겠죠.

그런데 구석기 시대 사람들은 주로 사냥을 해서 먹고살았을까요? 아뇨, 그 당시 가장 흔하게 볼 수 있는 모습은 오른쪽 사진처럼 나무에 달린 열매를 따거나 땅에서 자라는 식물을 채집하는 장면일 가능성이 높아요. 구석기 시대를 연구하는 사람들은 구석기 시대 때는 사냥보다는 채집으로 먹을거리를 더 많이 구했을 거라고 말하죠.

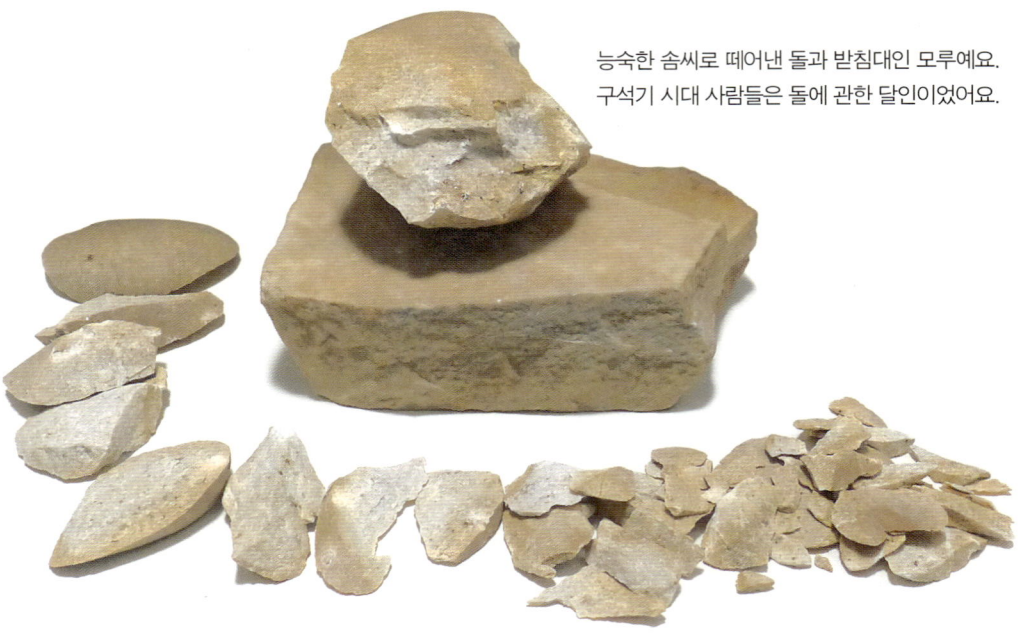

능숙한 솜씨로 떼어낸 돌과 받침대인 모루예요.
구석기 시대 사람들은 돌에 관한 달인이었어요.

구석기 사람들에게는 식물에 대한 풍부한 경험과 지식이 있어서 자신 있게 열매를 따고 식물을 채집할 수 있었어요. 한눈에 먹을 수 있는 것과 없는 것을 구별하고, 어디에 가면 어떤 식물이 많은지, 어느 계절에 무엇이 많이 나는지, 몸이 아플 때에는 어떤 풀을 먹으면 좋을지, 어디에 가면 그 재료를 구할 수 있을지 잘 알았어요. 그리고 이런 지식은 여러 세대를 거치며 더 풍부해졌어요.

식물을 채집하는 구석기 시대 여인

동물에 대한 지식 역시 마찬가지예요. 동물을 잘 모르고 사냥에 나가면 사냥에 실패할 뿐만 아니라 되려 위험에 빠질 확률이 높았을 거예요. 어느 계절에 어떤 동물이 많은지, 어떤 길로 움직이는지, 어떤 고기가 몸에 좋은지, 효율적인 사냥법은 무엇인지에 대한 풍부한 지식과 경험을 쌓아야 했어요.

지금도 어떤 나라에 가면 몇 가지 도구만으로 원시적인 삶을 사는 사람들을 만나 볼 수 있어요. 그들은 놀랍게도 어둠 속에서 새를 정확하게 사냥하고 뽀얀 물거품 속에서도 물고기를 찾아내요. 구석기 사람들 역시 이러한 능력을 가지고 있었을 거라고 짐작할 수 있어요. 그때는 지금보다 도구가 비교되지 않을 정도로 적었지만 그 대신 그들은 귀, 눈, 코 등 온몸의 감각 기관을 최대한 이용하고 풍부한 경험을 활용하여 채집과 사냥의 달인이 되지 않았을까요?

보통 구석기 사람들은 지능이 떨어지고 아는 것도 거의 없었을 거라는 선입견을 갖기 쉬워요. 하지만 여러분이 지금 아무런 도구가 없는 상태에서 살아야 한다면 가장 먼저 누구의 지혜를 빌려야 할까요?

# 한반도에 첫발을 내딛다

　지금까지 한반도에서 오래된 사람의 흔적 가운데 하나가 평양 상원읍 흑우리에 있는 검은모루 동굴 유적에서 발견되었어요. 이곳에서는 주먹 도끼나 긁개 같은 구석기 유적을 비롯해 넓적큰뿔사슴이나 쥐, 토끼 따위의 동물 화석도 발견되었어요.

　약 70만 년 전 이 땅에 첫발을 내디딘 사람들은 바로 곧선사람(호모 에렉투스, Homo erectus)이었어요. 이들은 어디서 왔을까요?

　4백만 년 전 아프리카 초원에서 살던 오스트랄로피테쿠스부터 두 발로 걷기 시작한 인류는 두 손을 자유롭게 사용했어요. 그러면서 돌을 깨뜨리거나 떼어 내 간단한 도구를 만들어 사용했죠.

　170만 년 전쯤 등장한 곧선사람은 먹을거리를 찾아 먼 거리를 이동했어요. 돌로 만든 도구와 불을 다룰 줄 알았던 곧선사람은 유럽이나 인도, 인도네시아, 그리고 중국을 거쳐 마침내 아시아 동쪽 끝 한반도에 다다랐어요. 무려 1백만 년이라는 시간이 걸린 것이죠. 이때

경기도 연천에 있는 전곡 선사 박물관에서 전시하고 있는 '인류 진화의 위대한 행진'이에요. 약 700만 년 전 투마이에서부터 약 1만 년 전 만달인까지의 화석 인류를 과학적으로 복원하여 전시하고 있어요.

부터 한반도에도 곧선사람이 살기 시작했답니다.

그런데 여러 원시 인류가 그랬듯이 곧선사람도 어느 순간 사라지고 말았어요. 곧선사람보다 더 강력한 슬기사람(호모 사피엔스, Homo sapiens)이 등장했기 때문이에요. 이들은 곧선사람보다 지능도 훨씬 뛰어나고, 고래나 메머드 같은 커다란 동물을 사냥할 수 있는 무기도 가지고 있었거든요. 20만 년 전 아프리카에서 나타나 짧은 시간 동안 전 세계로 퍼져 나간 새로운 인류였지요.

한반도에도 슬기사람이 새로운 주인공으로 등장했는데, 평양시 역포 대현동 유적에서 10만 년 전의 유골이 발견되었어요. 또 평안남도에서 발견된 덕천사람과 승리산사람, 평양시 승호구역에서 발견된 만달사람 모두 슬기사람이랍니다.

이처럼 곧선사람과 슬기사람이 살았던 1만 년 전까지를 '구석기 시대'라고 하는데, 한반도의 구석기 문화는 이렇게 아주 오랜 역사를 지니고 있다는 걸 꼭 기억해 두세요!

## 왜 빗살무늬를 그렸을까?

이것은 무엇에 쓰는 물건일까요? 이건 아주 오랜 옛날, 음식물을 담아 놓던 그릇이랍니다. 그런데 우리가 흔히 쓰는 그릇에서는 쉽게 볼 수 없는 갈색이에요. 그 이유는 흙으로 빚어 만든 토기(土器)라서 그렇답니다.

먼저 독특한 생김새가 눈에 들어와요. 입은 넓고 바닥은 뾰족한 부드러운 삼각형이에요. 바닥이 뾰족한데 어떻게 땅에 놓고 썼을까요? 잘 세워 놓아도 금방 옆으로 쓰러질 것 같아요. 옛날 사람들은 땅을 파서 토기를 꽂아 놓았다고 해요. 아랫부분이 땅에 묻혀 있으면 건드려도 잘 쓰러지지 않고, 안에 든 내용물도 쏟아지지 않았겠죠.

그런데 이 그릇은 입부터 바닥까지 무늬가 있어요. 뾰족한 도구로 여러 가지 무늬를 그려 넣었는데, 무늬 모양이 다 달라요. 입 부분부터 보면 손톱무늬, 지그재그로 그은 흔히 생선뼈무늬라고 부르는 무늬가 빼곡히 새겨져 있어요. 이런 무늬들을 통틀어 빗살무늬라고 부르고, 이런 무늬가 있는 토기를 빗살무늬 토기라고 해요.

**토기를 만든 사람들은 왜 이런 무늬를 그렸을까요?**

국립 중앙 박물관에 전시된 빗살무늬 토기

## 빗살무늬는 무엇을 뜻할까

박물관에서 빗살무늬 토기를 보면 예쁘다는 생각이 들어요. 토기에 아무런 무늬가 없다면 왠지 단순하고 밋밋해 보일 것 같아요. 토기를 예쁘게 보이려고 애써서 빗살무늬를 그려 넣은 걸까요? 지금 사람들도 이왕이면 예쁜 그릇을 쓰고 싶어 하잖아요.

그것 말고 또 다른 이유가 있지 않을까 고민하던 사람들은 구울 때 더 단단해지라고 무늬를 새기지 않았을까 생각했어요. 또 어떤 사람들은 불을 피워 음식을 조리할 때 파인 무늬 사이로 불길을 더 잘 받으라고 그려 넣은 것이라고 주장했죠.

또 어떤 사람들은 그림의 뜻에 관심을 기울였어요. 생선뼈무늬는 생김새로 보아 물결이나 햇살 혹은 물고기를 뜻한다는 것이죠. 특히 물고기를 뜻한다고 말하는 사람들은 이 무늬가 진짜 생선뼈를 나타낸 것이라고 생각했어요. 풍요를 상징하는 물고기를 그려 풍요롭게 살기를 기원하는 바람을 담은 거라고 말이죠. 여러분은 어떤 의견이 가장 그럴듯한가요?

이번에는 다른 눈으로 살펴볼까요? 빗살무늬 토기가 등장하기 이전에는 어떤 그릇을 썼을까요? 나무나 풀을 엮어 만든 것을 썼을 것이라고 추정해요. 당시 썼던 나무나 풀로 만든 그릇들은 전해지지 않지만, 지금도 우리 주위에서 그런 재료로 만든 그릇들을 찾아 볼 수 있죠. 주위에서 흔히 구할 수 있는 재료로 만들어진 이런 종류의 그릇들은 아주 오래전부터 사용되었을 거예요. 빗살무늬 토기를 만들어 쓰던 때 역시 사용되었을 가능성이 대단히 커요.

최근에 만들어진 나무나 풀을 엮어 만든 그릇의 무늬를 자세히 볼까요? 오른쪽 사진에 있는 망태기의 짧은 사선무늬, 소쿠리의 지그재그무늬는 어디선가 본 듯해요. 바로 빗살무늬 토기에서 보았죠. 사람들이 처음 토기를 만들 때 사용하고 있던 그릇의 무늬를 본떠 그린 건 아니었을까요? "이건 그릇이야."라는 뜻으로요. 상상은 여러분의 몫입니다.

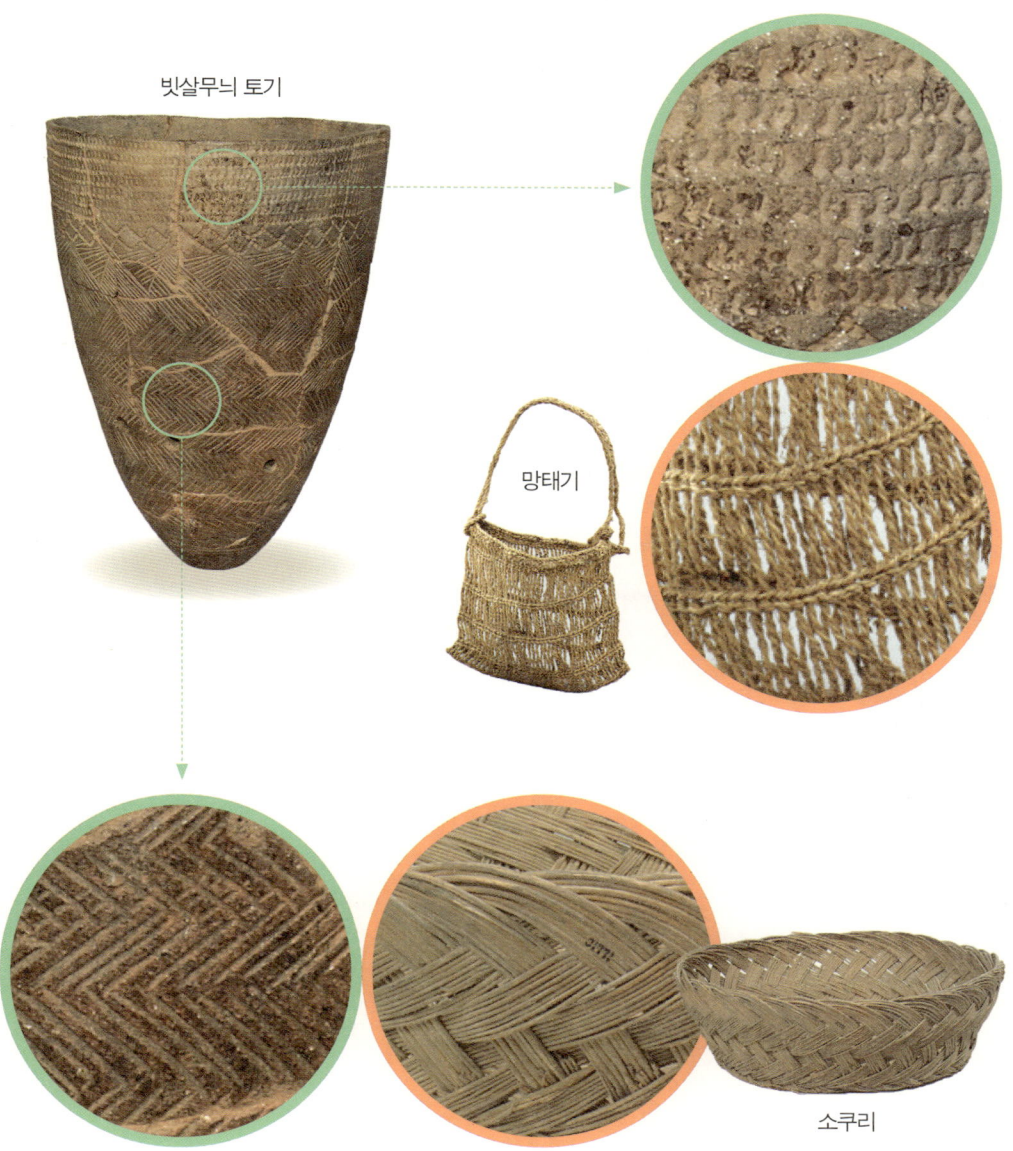

빗살무늬 토기

망태기

소쿠리

## 왜 토기를 만들었을까

지금부터 1만 년 전, 지구에 큰 변화가 일어났어요. 세상을 꽁꽁 얼어붙게 했던 오랜 빙하기가 끝나고 날씨가 따뜻해지기 시작했죠. 그러자 풀과 나무가 잘 자랐고, 그 덕분에 동물의 수도 크게 늘어났어요. 강과 바다에는 물고기와 조개가 많아졌고요. 이렇게 먹을거리가 다양해지고 양도 늘어나면서 사람들은 효율적으로 저장하고 먹기 좋게 조리를 해야 했어요.

이때 등장한 것이 바로 토기예요. 토기는 음식을 안전하게 담아 두기 좋았을 뿐만 아니라 무엇보다도 끓일 수 있었어요. 음식을 끓이면 거친 재료도 부드럽게 만들어 주고 소화도 무척 잘되었죠. 어떤 토기에는 음식을 끓였던 흔적이 남아 있기도 해요. 특히 당시 많이 먹던 도토리의 떫은 성분을 없애는 데 필요했다고 해요.

아래 사진은 토기를 만드는 모습을 재현한 거예요. 토기는 흙으로 빚고 무늬를 그

오산리 선사 유적 박물관에 가면 토기를 만드는 신석기 시대 사람들을 만날 수 있어요.

창녕 비봉리에서 나온 도토리예요. 도토리를 대규모로 저장하던 시설과 함께 발견되었어요.

도토리 껍질을 까거나 가루로 만들던 갈돌과 갈판

린 다음, 불에 구우면 완성되죠. 당시 사람들이 살았던 곳에서 어김없이 토기를 쓴 흔적이 발견되는 것으로 보아 이때를 '토기의 시대'라고 부를 만해요.

그렇지만 대부분 이 시대를 '신석기 시대'라고 불러요. 이렇게 부르는 건 구석기 시대에 견주어서인데, 이 시기에 돌을 갈아서 만든 도구가 나타났기 때문이죠. 갈아 만든 도구 가운데 눈여겨볼 만한 유물이 위 사진에 보이는 갈돌과 갈판이에요. 갈판에 도토리처럼 단단한 재료를 올려놓고 갈돌을 문질러 껍질을 까거나 가루로 만들었죠.

신석기 사람들은 깨뜨린 돌을 사용하던 구석기 사람들과 사는 모습이 달랐어요. 가장 달라진 것은 먹을거리가 늘어나면서 먹을 것을 찾아 이곳저곳 이동하는 대신 한곳에 머물러 살기 시작했다는 점이죠. 일부 지역에서는 작은 규모나마 농사를 짓기 시작했고요. 그들은 땅을 파 바닥을 다지고 둘레에 기둥을 세운 다음, 고깔 같은 지붕을 두른 움집에서 살았어요. 이때 보통 네다섯 집이 어울려 살던 것으로 보여요. 지금까지 살펴본 토기, 갈돌과 갈판, 움집은 이렇게 말하는 건 아닐까요?

"이제부터 이사 다니지 않아도 된다!"

울주 대곡리 반구대 암각화(국보 285호)

절벽 위 돌에 왜 그림을 그렸을까요?

## 왜 바위에 그림을 새겼을까?

04 — 반구대 암각화

바위에 무슨 그림이 새겨져 있는데 복잡해서 어디부터 봐야 할지, 뭘 그린 건지 도무지 모르겠다고요? 구도도 복잡하고 소재도 다양한 데다 새긴 기법도 여러 가지예요. 그런 것으로 보아 한 사람이 한 번에 그리지는 않은 것 같아요. 그림 위에 또 그림을 그린 걸 보면 여러 사람이 오랜 시간에 걸쳐 그린 것 같기도 하고요.

그런데 들여다볼수록 어떤 그림들이 눈에 들어오기 시작해요. 평평한 바위에 뾰족한 것으로 긋거나 쪼아서 그림을 그렸어요. 도화지에 색연필로 그리는 것보다 엄청 힘들었을 거예요. 그 대신 불에 타지 않고, 오랜 시간 동안 훼손이 덜 되는 장점이 있어요.

아래 검은 선으로 된 그림을 보니까 이 바위에 그려진 그림은 대부분 동물이에요. 바다에 사는 동물들 그림도 보이고, 땅에 사는 동물들 그림도 보여요.

**옛날 사람들은 왜 이런 그림을 새겼을까요?**

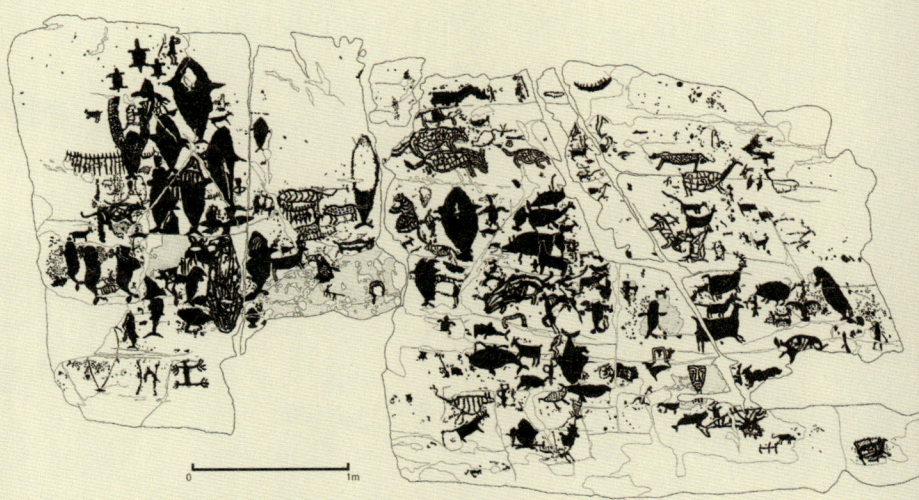

반구대 암각화 도면이에요. 200여 마리의 동물이 새겨져 있어요.

## 어떤 동물이 그려져 있을까

이 그림이 새겨진 바위는 강가 절벽에 있어요. 크기는 대략 가로 6미터 세로 3미터에 이르죠. 이 바위의 이름은 공식적으로는 '울주 대곡리 반구대 암각화'인데, 흔히 '반구대 암각화'라고 불러요. 수천 년 전 사람들이 오랜 시간에 걸쳐 그림을 새겼다고 해요.

먼저 바위 왼쪽 부분을 보면 고래들이 무리를 지어 헤엄을 치고 있어요. 물고기는 보통 옆모습을 많이 그리는데 이 고래들은 독특하게도 위에서 본 모습을 그린 것이 많아요. 아마 가까이에서 직접 고래를 본 경험이 많은 사람이 그림을 그린 것 같아요. 가장 눈에 뜨이는 그림은 고래 위에 또 고래가 있는 그림이에요. 새끼를 가진 걸까요? 그럴 수도 있지만 새끼를 업고 다니는 귀신고래일 가능성이 커요. 리본처럼 두 갈래로 물을 뿜어내는 고래는 북방긴수염고래, 가슴지느러미가 긴 고래는 혹등고래예요. 지금 봐도 무슨 고래인지 알 수 있을 정도로 고래의 특징을 정확히 표현한 걸 보면 고래를 그린 사람들이 고래 사냥꾼이었기 때문일지도 몰라요. 그 밖에도 상어와 거북, 바닷새가 보여요.

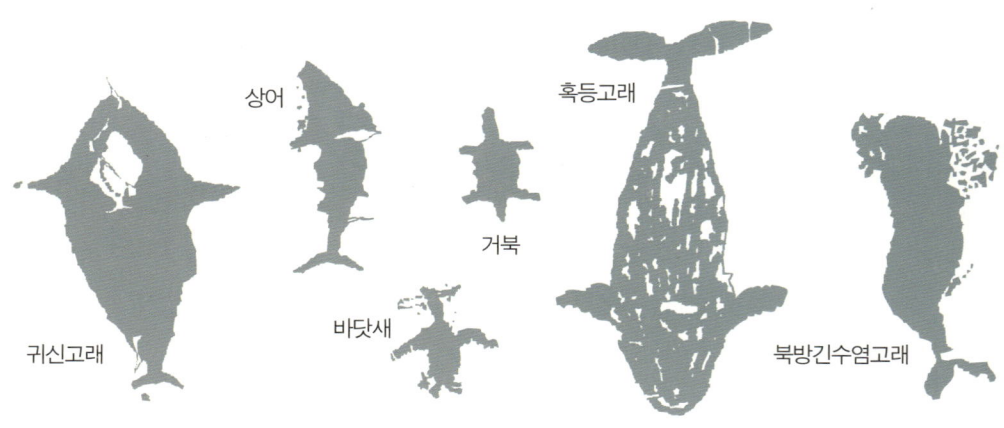

이곳에 바다 동물만 있는 것은 아니에요. 나뭇가지 같은 뿔이 달린 사슴을 가장 쉽게 찾을 수 있어요. 몸통에 세로 줄무늬가 있는 호랑이, 점이 빼곡하게 박힌 표범, 꼬리가 긴 여우, 짧은 꼬리에 귀가 솟은 늑대, 덩치 큰 멧돼지도 등장해요. 이쯤 되면 동물 백과사전이라고 불러야 할 것 같아요.

그런데 동물만 있냐고요? 동물들 사이에 수천 년 전 사람들이 숨은 그림처럼 있어요. 기다란 나팔 같은 악기를 부는 사람, 절을 하거나 혹은 춤을 추는 듯한 사람, 팔다리를 쫙 벌린 사람, 활로 사냥하는 사람, 배를 타고 고래를 사냥하는 사람, 가면 같은 얼굴을 한 사람까지 다양한 사람들을 만날 수 있어요.

이 사람들이 사냥한 동물들을 이곳에 새긴 건 아니었을까요?

## 왜 고래 그림이 많을까

고래를 사냥하는 모습

여기에 가장 많이 등장하는 동물은 무엇일까요? 바로 고래예요. 동물 그림 2백여 점 가운데 58점을 차지하죠. 놀라운 것은 고래를 사냥하는 장면도 있다는 점이에요. 왼쪽 그림에서 활처럼 보이는 것은 배예요. 그 위 작은 점은 사람들이죠. 가장 앞에 있는 사람이 고래에게 작살을 던져 명중시켰네요. 작살 끝에 달려 있는 부구는 풍선 같은 역할을 해요. 이것 때문에 고래는 멀리 도망가지 못하고, 주위를 빙글빙글 맴돌다가 힘이 빠져요. 그러면 사람들이 쉽게 고래를 끌어올 수 있었어요.

그런데 언제부터 고래를 사냥했을까요? 반구대 암각화는 신석기 시대부터 청동기 시대에 걸쳐 새겨졌어요. 반구대 암각화 부근의 신석기 유적지에서 작살을 맞은 고래 뼈가 발견되었어요. 또 신석기 시대의 다른 유적지에서는 배가 발견되었어요. 이런 사실에 비추어 보면 신석기 시대부터 고래를 사냥했다는 것을 알 수 있죠.

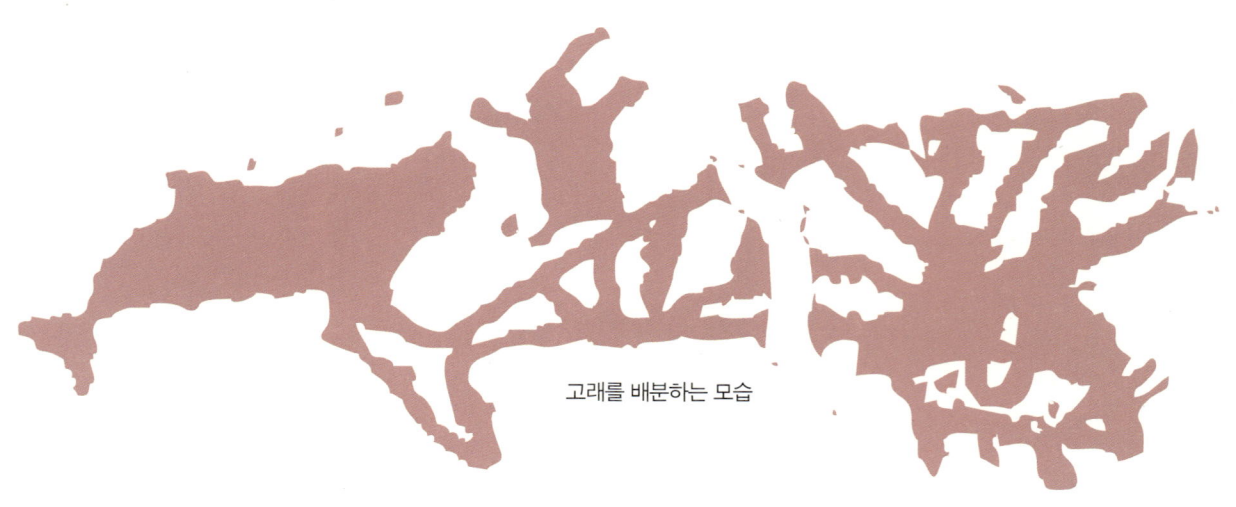
고래를 배분하는 모습

사냥으로 잡은 고래는 어떻게 했을까요? 거기에 대한 대답 역시 여기 암각화에 있어요. 왼쪽 아래 그림을 보면 고래 몸통에 그어진 선을 볼 수 있어요. 이 선은 고래 사냥에서 담당한 역할에 따라 고래 고기를 나누는 기준이에요. 보통 고래잡이에 참여한 사람들뿐만 아니라 참여하지 않은 사람들과도 나눈 것으로 보여요. 고래 한 마리면 많은 사람들이 오랫동안 배불리 먹을 수 있었겠죠. 그런 점에서 고래는 엄청난 식량 창고였어요.

암각화 왼쪽 위에 이런 사람이 그려져 있어요. 이 사람은 무엇을 하는 것일까요? 신에게 절을 하는 것일까요, 춤을 추는 것일까요, 고래를 부르는 것일까요? 확실히 알 수는 없지만 신에게 고래를 잘 잡게 해 달라고 빌 때, 또는 무사히 고래를 잡았을 때 신에게 고맙다고 절하거나 혹은 춤을 추는 장면인 것 같아요. 이 사람은 제사를 주관하는 제사장인 것 같은데 벌거벗고 있는 것으로 보여요. 이 사람을 보면 어쩌면 반구대 암각화는 신에게 고맙다는 인사를 하려고 만든 것일 수도 있겠네요.

무엇을 하는 사람일까요?

그런데 암각화 그림처럼 이곳에 진짜 고래가 많았을까요? 반구대 암각화가 있는 강을 따라 조금만 내려가면 울산 앞바다가 나오는데 예로부터 고래가 많다고 널리 알려진 곳이에요. 고래가 이곳에 와서 새끼를 낳고 길을 떠난다고 하죠. 그 때문에 고래잡이가 활발해져서 이곳에 오는 고래의 수가 많이 줄었죠. 고래 보호를 위해 고래잡이가 금지된 최근에야 고래가 많이 늘어났답니다.

이곳에 고래 그림이 많은 건 실제로 고래가 많았고, 고래 한 마리를 잡으면 많은 사람들이 먹을 수 있었기 때문이었을 거예요. 또한 거대한 고래를 잡는 일이 무척 위험했던 탓에 무사히 고래 사냥을 할 수 있게 빌고 싶었을 수도 있었겠고요.

굴삭기가 장난감처럼 보일 정도로 웅장한 절벽에 반구대 암각화가 있어요.

## 직접 가 봐야 하는 이유

그럼 암각화가 있는 곳을 살펴볼까요? 반구대 암각화는 깎아지른 절벽 아래쪽에 있어요. 그 아래로는 강이 흘러요. 바위 위쪽이 눈썹처럼 튀어 나와 있어 비가 와도 쉽게 젖지 않죠. 옛날 사람들은 일부러 이 바위를 골랐을 거예요.

또 암각화 아래 계곡에서는 소곤거리는 작은 소리도 멀리까지 잘 들린다고 해요. 옛날 이곳에 사람들이 모여 제사를 지낼 때 제사장이 큰 소리로 외치면 그 소리가 계곡을 따라 쩌렁쩌렁 울려 퍼졌을 거예요. 계곡이 확성기 역할을 하는 셈이죠.

이곳에 직접 가 보면 수천 년 전 사람들이 왜 이곳에 그림을 그리고, 때가 되면 제사를 지냈는지 누가 말해 주지 않아도 알 수 있어요. "백 번 듣는 것보다 한 번 보는 것이 낫다."는 말이 딱 어울리는 곳이에요. 이처럼 문화유산이 있는 바로 그곳에는 글과 사진으로는 담을 수 없는 이야기가 살아 숨 쉬고 있답니다.

## 반구대 암각화는 왜 그렸을까

옆의 그림은 여섯 살 아이가 그린 그림입니다. 무엇을 그린 걸까요? 첫 번째 그림은 소녀와 소년이 팥빙수를 가운데 두고 데이트하는 장면, 두 번째 그림은 소년이 무릎을 꿇고 소녀에게 결혼하자고 말하는 장면, 세 번째 그림은 면사포를 쓴 소녀와 소년이 결혼을 하는 장면으로, 오른쪽 위에 있는 건 결혼반지예요. 이 그림처럼 여러분도 어렸을 때 자기의 생활 모습이나 생각, 마음 속에 품은 바람을 그림으로 그린 적이 있을 거예요. 반구대 암각화 역시 크게 다르지 않아요.

요즘에도 사람들은 반구대 암각화처럼 벽에 그림을 그리곤 하죠. 이런 그림을 '벽화'라고 해요. 아래 사진은 통영에 있는 동피랑 마을 벽화를 찍은 거예요. 통영 앞바다에서 벌어졌던 이순신 장군의 한산 대첩 때 활약한 거북선을 그린 그림이죠. 통영 앞바다에 가면 지금도 거북선 모형을 볼 수 있어요. 동피랑 마을은 낡았다고 해서 철거될 뻔했는데 벽화 그리기 사업을 통해 마을을 살렸다고 해요. 반구대 암각화처럼 이 벽화 역시 동피랑 마을의 역사를 간직하고 있답니다.

통영 동피랑 마을의 벽화예요. 벽화에는 당시의 생활 모습을 담은 그림들이 종종 그려지곤 해요.

## 무엇에 쓰는 물건일까?

05 - 농경문 청동기

이 물건은 어디에 쓰던 걸까요?

얼핏 보면 열쇠나 문고리처럼 보이기도 해요. 정말 열쇠나 문고리일까요? 먼저 크기를 살펴 보면 너비가 12.8cm로, 남자 어른 손바닥만 해요. 열쇠라고 하기에는 너무 크지 않나요? 또 가운데 달린 고리는 동전 크기만 해서 문고리로 쓰기에는 너무 작아요.

그러면 이 물건의 쓰임새를 알 수 있는 단서는 없을까요? 이 물건에 그려진 그림을 자세히 보세요. 몇 줄의 선으로 간단하게 표현했지만, 사람이 새겨져 있다는 걸 알 수 있어요. 세 사람이 뭔가를 열심히 하고 있기는 한데, 작고 선명하지 않아 무엇을 하는지 잘 알 수 없어요.

**도대체 이 물건은 어디에 쓰던 물건이고,
이 사람들은 무엇을 하고 있는 걸까요?**

국립 중앙 박물관에 전시된 농경문 청동기(보물 1823호)

## 무엇을 하고 있는 걸까

농경문 청동기 앞면

농경문 청동기 뒷면

이 물건의 이름은 '농경문 청동기'예요. 농경 즉 농사를 짓는 그림이 그려진 청동기라는 뜻이죠. 고리가 달린 면을 보통 앞면이라고 해요. 앞면 왼쪽에는 나무에 새 두 마리가 앉아 있어요. 오른쪽 역시 새가 보이기는 하는데 부서져서 무엇을 하고 있는지 정확히 알기 어려워요. 나무에 새가 앉아 있는 것을 '솟대'라고 불러요. 옛날 사람들은 새가 사람들의 소원을 하늘에 있는 신에게 전해 준다고 믿었어요. 이 새는 지금 무슨 소원을 전해 주고 있는 걸까요?

소원이 무엇인지 알기 위해서는 뒷면을 봐야 해요. 세 장면이 나오는데, 옛 그림을 보는 방법에 따라 오른쪽 위부터 볼까요? 이 사람❶은 막대기를 잡고 한 발로 무엇인가를 밟고 있어요. 끝이 두 쪽으로 갈라진 이 도구는 '따비'로, 땅을 파는 데 쓰는 농기구예요. 따비 아래 일정한 간격으로 그어진 줄무늬는 밭이에요. 이 사람은 따비로 밭을 갈고 있어요.

그런데 이 사람의 차림새가 뭔가 독특해요. 머리에는 긴 깃털 같은 것을 꽂고, 옷은 안 입고 있어요. 실제로 옛날에 봄에 밭을 갈고 씨를 뿌리는 의식을 치를 때 옷을 벗고 풍년을 기원하는 풍습이 있었다는 기록이 전해져요. 다시 말하면 이 사람은 봄에 밭을 갈며 한 해의 풍년을 기원하는 의식을 치르는 중이에요.

그 아래 사람❷은 힘차게 몽둥이를 휘두르고 있죠. 자세히 보면 그 몽둥이는 'ㄱ(기역)' 자로 굽어 있어요. 이것은 '괭이'라는 도구로, 지금도 농사를 지을 때 많이 사용해요. 아랫부분이 사라져 정확하지는 않지만 이 사람은 농사지을 땅을 일구는 것 같아요. 왼쪽에는 한 사람❸이 두 손으로 무엇인가를 항아리에 넣고 있어요. 앞의 두 그림으로 미루어 볼 때 이것은 가을에 거둔 곡식이겠죠?

그러면 사라진 아래쪽 조각에는 어떤 그림이 있었을까요? 그림을 읽는 순서에 따라 달라져요. 먼저 시계 방향으로 읽으면 사라진 그림은 세 번째 위치하죠. 그러면 이곳에는 곡식을 거두는 장면이 있었을 가능성이 있어요. 만약 네 번째 그림이라면 가을에 거둔 곡식으로 신에게 감사를 드리는 모습이 아니었을까요?

그럼 이제 새들이 신에게 전해 주길 바랐던 소원을 짐작할 수 있겠죠?

"올해 농사 잘되게 해 주세요!"

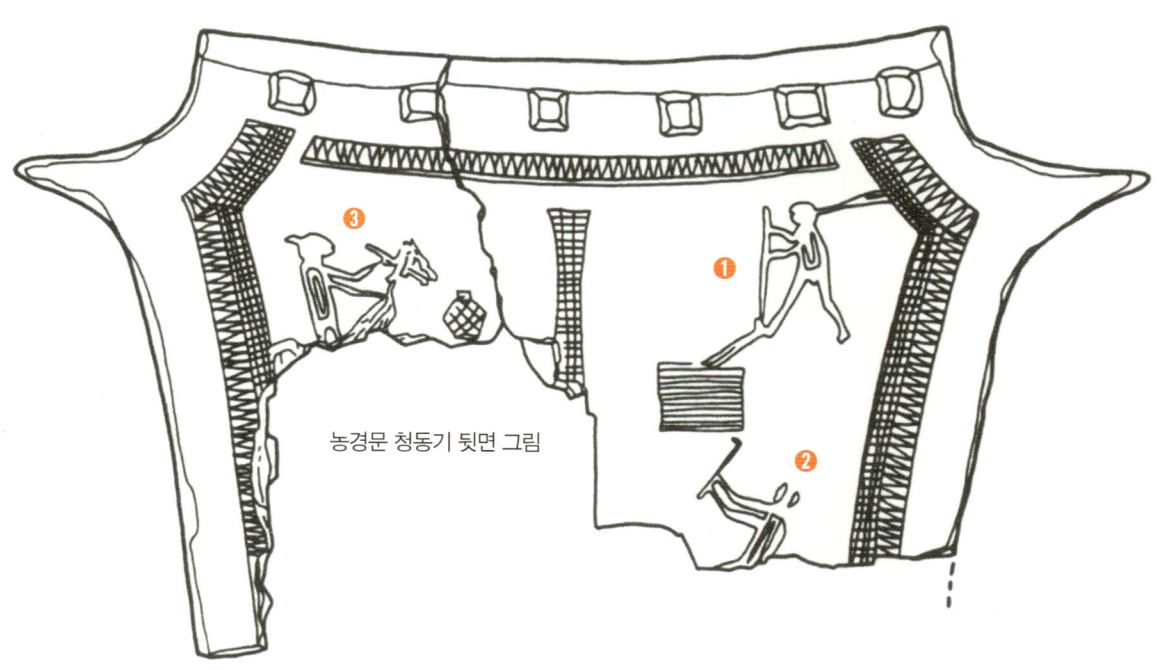

농경문 청동기 뒷면 그림

## 이제는 본격적인 농사의 시대

그런데 농경문 청동기를 왜 만들었을까요? 왼쪽 사람을 보면 마치 모델 같아요. 머리에서 발끝까지 주렁주렁 장식을 하고 있어요. 이 사람은 하늘에 제사를 지내던 제사장이자 마을의 족장으로, 특별한 날에 이렇게 입었을 거예요. 족장 목에 걸린 청동 거울처럼 농경문 청동기도 특별한 날 족장의 가슴에 걸었던 목걸이로 보여요. 한 해 농사를 시작하기 전, 농경문 청동기를 목에 걸고 신에게 농사가 잘되게 해 달라고 빌고, 가을에 수확을 끝내고 다시 감사의 기도를 드렸을 거예요. 농경문 청동기는 농사가 잘되게 해 달라는 소원을 담은 마법의 목걸이였죠.

그런데 이런 마법의 목걸이는 아무나 가질 수 없었어요. 당시 청동은 무척 귀해서 족장처럼 힘 있는 몇몇 사람만 가질 수 있었죠. 이 시대를 '청동기 시대'라고 불러요.

이렇게 귀한 것을 걸고 신에게 간절히 기

청동기 시대 제사장으로, 중요한 제사를 지낼 때 청동기로 온몸을 치장했어요.

조선 시대 왕이 농사의 모범을 보이기 위해 직접 밭을 갈던 모습이에요.

도한 까닭은 그만큼 농사가 중요했기 때문이에요. 농사는 신석기 시대부터 시작되었지만 사람들을 먹여 살릴 정도로 활발해진 것은 청동기 시대예요. 이때부터 논과 밭은 사람들의 가장 중요한 일터가 되었어요.

한편 농사가 가장 중요한 일이 되면서 신에게 풍년을 기도하는 의식은 시간이 지나도 계속되었어요. 조선 시대에는 왕이 족장의 역할을 맡았어요. 왕은 마법의 목걸이를 걸고 기도하는 대신, 선농단에서 농사의 신과 풍요의 신에게 풍년을 기원하는 제사인 선농대제를 치렀어요.

제사를 지낸 뒤에는 직접 밭에 나가 땅을 가는 의식인 친경을 행했어요. 위 사진에서 왕이 밭을 가는 장면을 보면 마치 농경문 청동기에서 깃털을 꽂고 따비로 밭을 가는 장면이 떠오르지 않나요? 이렇듯 농사가 중요한 세상이 계속되면서 농경문 청동기에 담긴 뜻은 사라지지 않고 오랫동안 이어져 내려왔답니다.

강화 부근리 고인돌

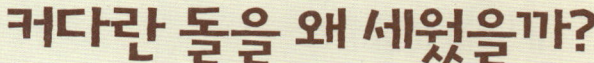

## 커다란 돌을 왜 세웠을까?

　엄청나게 큰 돌이 돌기둥 위에 올라가 있어요. 어른보다 키도 훨씬 큰 것 같고요. 다리 두 개를 세우고 넓은 돌을 지붕처럼 덮었어요. 그 모습이 마치 밥 먹는 상이나 집처럼 보이기도 해요. 만약 이 돌이 집이었다면 지붕 아래 네모난 공간은 방이었을까요?

　돌을 이용한 걸 보면 이것을 만든 사람들은 무너지지 않고 튼튼하기를 바란 것 같아요. 그리고 크게 만든 걸 보면 뭔가 자랑하고 싶은 게 있었나 봐요. 이런 돌을 옮기고 세우려면 혼자 힘으로는 어림없을 거예요. 많은 사람들이 힘을 합쳐야 가능할 것 같은데……. 힘뿐만 아니라 기술도 필요했겠죠.

　예전에 이 근처에 살던 할머니는 이 높은 돌 위에 고추를 널어 말리셨다는데, 도대체 이 커다란 돌을 왜, 무엇 때문에 세운 것일까요?

## 고인돌은 왜 만들었을까

　사람의 힘으로 쌓은 이런 돌을 '고인돌'이라고 불러요. 돌을 고여서 만들었다고 해서 이런 이름이 붙었죠. 앞 사진에 나온 고인돌의 공식 이름은 강화 부근리 지석묘로, 청동기 시대에 만들어진 거예요.

　고인돌의 정체가 궁금했던 사람들은 고인돌 아래를 살펴봤어요. 부근리 고인돌에서는 찾을 수 없었지만 충청북도 제천에 있는 고인돌 아래에서 뭔가 나왔어요. 아래 사진에서 보이는 것처럼 넓적한 덮개돌을 들어내고 보니 땅속에 돌로 만든 작은 방이 나오고 그 안에 죽은 사람이 누워 있더래요. 아하! 그러니까 고인돌은 무덤이었던 거예요. 그런데 왜 부근리 고인돌에서는 그 흔적을 찾을 수 없었을까

덮개돌이 있을 때의 모습이에요.

충청북도 제천 황석리 고인돌 발굴 당시 모습이에요. 덮개돌 아래에서 죽은 사람을 넣었던 관과 사람 뼈가 나왔어요.

경상남도 함안 동촌리에 있는 26호 고인돌의 덮개돌에는 398개의 알구멍이 있어요. 구멍을 연결하면 하늘에 있는 별자리처럼 보여요.

요? 이 고인돌에는 시신을 넣는 방이 땅 위 덮개돌 아래, 네모난 공간에 있었어요. 오랜 세월이 흐르면서 훼손되어 원래부터 없었던 것처럼 보이는 거죠.

고인돌은 누구의 무덤이었을까요? 무겁고 커다란 돌로 된 고인돌은 만들기 쉽지 않았을 테니 아무나 묻힐 수는 없었겠죠. 아마 청동기 시대 당시 힘과 권위가 있는 족장이나 그들의 가족, 전투에서 희생된 기릴 만한 전사가 고인돌의 주인이었을 거예요. 머리가 없거나 머리에 화살이 박혀 있는 시신이 나오는 걸로 보아 전투 중에 죽은 사람이란 것을 알 수 있었죠.

그런데 고인돌이 모두 무덤이었을까요? 어떤 고인돌에서는 죽은 이의 흔적을 찾아볼 수 없었어요. 그런 고인돌은 제사를 지내던 제단으로 사용된 것으로 생각돼요. 가끔 위 사진처럼 덮개돌에 특이한 구멍이 있는 고인돌도 있어요. 저절로 생긴 것이 아니라 일부러 만든 구멍이죠. 이런 고인돌을 만들어 풍년을 기원했다, 돌에 구멍을 내며 소원을 빌었다, 죽은 족장의 가족 숫자이다 등 다양한 의견이 있어요. 혹시 고인돌의 주인공이 특별한 존재여서 생명의 근원인 하늘로 올라간다는 뜻에서 별을 새긴 건 아니었을까요?

## 고인돌을 어떻게 만들었을까

앞에 나온 강화 부근리 고인돌은 어떻게 만들어졌을까요? 아래 사진을 보면 고인돌을 만드는 과정을 알 수 있어요. 적당한 돌을 잘라 통나무를 깔고 돌을 밀거나 당겨 움직여요❶. 그리고 받침돌을 세우고 사이에 흙을 채워 언덕을 만든 다음, 그 위로 덮개돌을 끌어 올리고 흙을 없애면 거대한 고인돌이 완성되죠❷.

돌 아래 통나무를 깔고 돌을 끌어당기자!

돌 사이에 흙을 채우고 돌을 끌어올리자!

이렇게 큰 돌을 나르려면 몇 명이 필요했을까요? 부근리 고인돌 덮개돌의 무게는 무려 53톤이나 나가요. 이런 무게의 돌을 나르기 위해서는 적어도 남자 어른 수백 명이 필요하다고 해요. 청동기 시대의 마을 규모에 비추어 볼 때, 이 정도 인원은 한 마을이 아니라 여러 마을에서 모여야 가능해요. 그래서 이 고인돌은 한 마을의 족장이 아니라 여러 마을을 다스리던 대족장의 무덤일 거라고 하죠. 이렇듯 청동기 시대는 신석기 시대에 비해 마을의 규모가 커졌고, 족장의 권한 역시 강해졌어요. 이러한 변화는 먹을거리를 스스로 생산하는 '농경' 덕분이었어요.

이제 오른쪽 사진 속 청동기 시대의 한 마을로 시간 여행을 떠나볼까요? 마을 뒤로 산이 펼쳐지고 앞으로 냇물이 흘러요. 그 앞에 논이 있죠. 마을 둘레에 뾰족한 나무울타리를 둘러 적으로부터 마을을 지켜요. 족장은 마을 한가운데 큰 집에 살고❶ 다른 사람들은 마을 좌우에 보이는 집에서 살아요. 족장의 집 뒤로 새가 앉아 있는 솟대❷가 있고 그 뒤에 보이는 집은 신을 모신 신전❸이에요. 그 옆 마루가 높은 집은 먹을 것을 보관하는 창고❹랍니다.

이렇게 규모가 큰 마을을 잘 운영하기 위해 족장의 역할이 중요해졌어요. 족장은 권위를 세우기 위해 자기는 특별한 사람이라고 다른 사람들이 믿도록 만들 필요가 있었죠. 많은 수고를 들여야 하는 고인돌은 이런 목적을 이루기에 적당했어요. "나는 너희들에게 명령할 자격이 있는 특별한 사람이라고!" 또 사람들은 같이 일을 하면서 공동체 의식이 커졌겠죠. "우리는 같은 마을 사람이야!"

그런데 마을마다 힘의 크기가 서로 달랐죠. 인구가 많고 부유하며 싸움을 잘하는 마을은 더욱 힘을 키워 주변 마을을 정복했어요. 또 규모가 큰 경쟁자들과 싸우거나 힘을 합쳐 점점 지배 영역을 넓혀 나갔어요. 이런 과정을 거쳐 우리 역사에서 가장 먼저 이름을 알린 나라, 단군왕검의 '고조선'이 탄생했답니다.

국립 민속 박물관에 전시된 청동기 시대 마을

07 — 대성동 고분

## 왜 철을 베고 누웠을까?

경상남도 김해에 있는 야트막한 언덕의 땅을 팠더니 땅속에서 이런 모습이 나타났어요. 앞쪽에는 동그란 그릇들이 줄지어 늘어섰는데, 오랫동안 땅속에 묻혀 있어서인지 흙이 묻어 있고, 조각조각 부서졌어요. 다만 그릇이 놓여 있는 외곽을 따라서 보면 일부러 네모나게 판 것 같아요. 그런데 이곳이 집이었다면 기둥을 세운 흔적이 있어야 하는데 찾기 어려워요. 그러니 집은 아니었던 것 같아요.

집이 아니면서 이렇게 많은 그릇을 넣어 두었던 곳은 어디였을까요? 먼저 장독대나 음식물 저장소가 떠올라요. 그런데 그릇 사이로 다닐 수 있는 길이 보이지 않네요. 한 번 세워 놓고 다시는 쓰지 않을 것처럼 말이죠.

**땅속에 있는 네모난 방이면서
그릇을 놓아 둔 이곳은 대체 어디였을까요?**

## 철 위에 누운 까닭은

앞에 나온 사진은 '가야'를 이루고 있던 여러 나라 가운데 가장 힘이 셌던 금관가야의 대표적인 고분 가운데 하나인 '대성동 29호분'을 발굴하는 모습이에요. 여기에서 각종 항아리, 가지런히 깔린 덩이쇠, 철로 만들어진 무기와 생활 도구가 발견되었죠. 죽은 사람은 가지런히 깔아 놓은 덩이쇠 위에 누워 있던 것으로 보여요. 같이 묻힌 다양한 물건들로 비추어 볼 때 이 사람은 금관가야의 왕이었으리라 추측되어요. 그러니까 이곳은 왕의 무덤이었어요! 그런데 덩이쇠 위에 누운 걸로 보아 왕은 저승에 가서도 덩이쇠가 꼭 필요할 거라고 여겼나 봐요.

이 덩이쇠는 다름 아닌 철이에요. 당시 철은 돈과 마찬가지로 사용되었고, 강력한 힘을 상징했어요. 청동에 이어 등장한 철은 대단한 금속이었거든요. 철을 녹여 청동보다 다양한 물건을 더 단단하고 날카롭게 만들 수 있었어요. 게다가 청동의

경상남도 김해 대성동 29호분 목곽묘 재현 모습이에요. 땅을 파서 나무로 무덤 방을 만들고 그 위를 덮었어요.

대성동 고분군 29호분에서 나온 화살촉

원료인 구리보다 쉽게 구할 수 있었죠. 덩이쇠는 다양한 물건을 만들 수 있는 원재료였어요.

왼쪽 아래 사진은 대성동 고분 박물관에서 대성동 29호분을 재현해 놓은 모습이에요. 무덤을 살펴보니 안에 놓인 것들은 그릇을 빼면 대부분 철로 만들어졌어요. 사람 옆에는 칼❶이 놓여 있고, 오른쪽 발 옆에 화살 묶음❷이 쌓여 있어요. 이것들은 전투용 도구, 즉 무기죠. 가야의 다른 고분에서는 철로 된 투구와 갑옷, 창, 말을 탈 때 필요한 재갈과 말 갑옷까지 발견되었어요. 모두 단단하고 예리한 무기들이에요.

철로 무기만 만든 것은 아니었어요. 왼쪽 발 아래쪽에 도끼와 낫❸이 보여요. 낫은 농사를 지을 때 꼭 필요하고, 도끼는 일상생활에 꼭 필요한 도구예요. 다른 고분에서는 철로 만든 괭이와 호미를 비롯해 여러 가지 농기구들이 발견되었어요. 철기를 사용하게 되면서 돌이나 나무 도구를 이용할 때보다 땅을 깊이 갈 수 있어서 같은 면적에서 더 많은 농산물을 생산할 수 있었죠. 또 더 넓은 땅에 농사를 지을 수 있었고요. 철로 만든 도구가 농사에 사용되면서 먹을거리가 많아지고 인구가 늘어났어요.

이 무덤 안에 있는 덩이쇠와 철로 만든 도구들은 이제 철의 시대가 활짝 열렸다는 것을 알려 주고 있어요.

대성동 고분군 29호분에서 나온 대형 도끼

## 철을 쓰면서 무엇이 달라졌을까

우리나라에 철이 등장하면서 청동기 시대는 서서히 막을 내리고 철로 도구를 만들어 쓰는 철기 시대가 시작되었어요.

철은 사람들의 삶을 어떻게 바꿨을까요? 아래 그림은 고구려 무덤을 장식한 벽화예요. 각종 무기들로 무장한 군인들이 가운데 수레에 탄 주인공을 중심으로 행진을 하고 있어요. 말을 탄 기마병은 투구와 갑옷으로 온몸을 둘렀고 말 역시 갑옷을 입었어요. 군인들은 손에 창, 도끼, 칼을 들었죠.

그런데 군인이라고 똑같은 군인이 아니에요. 직업이 군인인 사람이 있는가 하면 농사를 짓다 병역의 의무로 군인이 된 사람도 있어요. 이들 중에는 자신의 뜻과 상관없이 목숨이 왔다 갔다 하는 전쟁에 어쩔 수 없이 참여해야 하는 경우가 있었을 거예요. 철기 시대로 접어들면서 대규모 전투가 자주 벌어졌어요. 만약 전쟁에 지는 날이면 영락없이 노예 신세가 되었죠.

안악 3호분 벽화 중 〈행렬도〉로, 소가 끄는 수레를 타고 있는 묘 주인과 철로 만든 갑옷과 무기로 무장한 고구려 군인들의 모습을 볼 수 있어요.

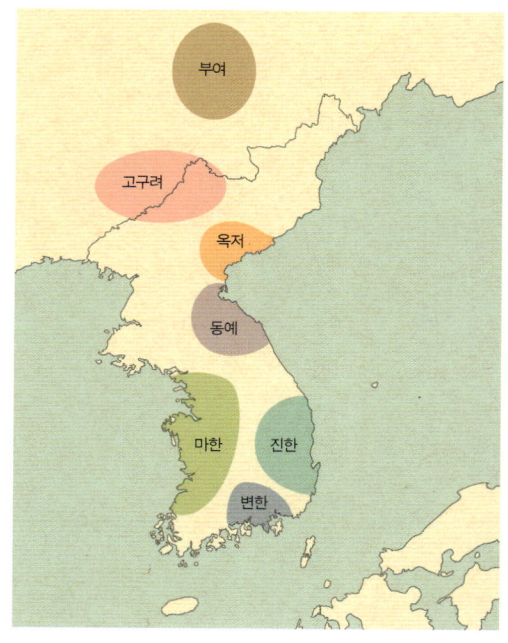
기원 전후 한반도에 있던 나라들

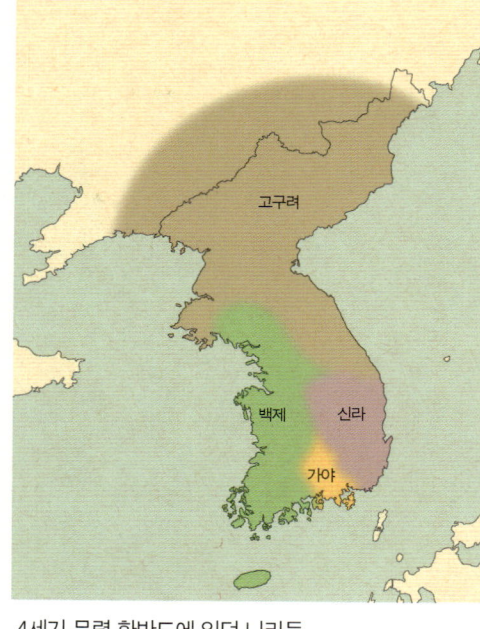
4세기 무렵 한반도에 있던 나라들

위 두 지도를 비교해 볼까요? 왼쪽 지도는 기원 전후, 오른쪽은 4세기 무렵의 지도예요. 왼쪽 지도의 마한, 진한, 변한은 한 나라가 아니라 여러 나라를 통틀어 부르는 이름이에요. 시간이 지나면서 마한은 백제를 중심으로, 진한은 신라를 중심으로 통합되었어요. 동예와 옥저는 고구려에 통합되었죠. 변한은 가야로 정리되었어요. 지도가 이렇게 바뀌는 데 무엇보다 전쟁이 큰 역할을 했죠.

전쟁의 시대를 산 사람들, 그들의 꿈은 무엇이었을까요?

"무기를 녹여 농기구를 만들고 세금과 부역을 줄여 백성들의 살림이 넉넉하게 되었으니……."

삼국을 통일한 신라 문무왕의 말처럼 백성들의 꿈은 무기가 아니라 평화롭게 농기구를 들고 농사를 짓는 건 아니었을까요?

# 세상에서 제일 큰 돌책?

08 ─ 광개토 대왕릉비

돌에 한자가 잔뜩 새겨져 있어요.

돌이 엄청 커요. 사람 키보다 세 배도 더 큰데요.

　사람 옆에 엄청 키가 큰 돌이 우뚝 서 있어요. 돌 옆에 사람이 서 있어서 돌이 얼마나 큰지 가늠할 수 있어요.
　돌기둥을 자세히 보니까 뭔가 새겨져 있어요. 언뜻 보면 무늬나 장식처럼 보이지만, 사실은 한자예요. 나름 평평한 돌 표면에 글자가 가지런히 새겨져 있어요. 한자는 네 면에 걸쳐 새겨져 있어요. 이렇게 글자를 새긴 돌기둥을 비석이라고 부른답니다.
　그런데 어마어마한 크기를 보니 보통 비석은 아닌 것 같아요. 적어도 한 나라의 왕 정도는 되어야 비석에 쓸 만한 자랑거리도 많고, 이렇게 큰 돌도 세울 수 있을 것 같아요. 그럼 이 비석의 주인은 누굴까요? 고구려를 세운 주몽이나 고려를 세운 왕건? 아니면 조선의 유명한 임금인 세종? 혹시 땅을 많이 넓힌 것으로 유명한 고구려의 광개토 대왕?
　비석에 쓰인 내용에 따르면 이 비석의 주인공은 광개토 대왕으로, 광개토 대왕이 죽은 뒤 그의 아들인 장수왕이 세운 것이에요.

**이 비석에는 어떤 이야기가 담겨 있고, 도대체 왜 이렇게 크게 세운 걸까요?**

1913년에 촬영된 광개토 대왕릉비

## 비석에 뭐라고 썼을까

이 비석은 네 면에 글자가 있는 4쪽짜리 책이라고 할 수 있어요. 우리가 지금 보는 책과는 다르게 오른쪽에서 왼쪽으로, 위에서 아래로 읽고, 시계방향으로 돌면서 읽어야 해요. 크기는 2층 건물 높이인 6.39미터이고, 44열에 걸쳐 모두 1,775자가 새겨져 있어요.

비석의 내용은 세 부분으로 이루어졌어요. 첫 번째 부분에는 고구려 건국 신화와 광개토 대왕의 조상, 광개토 대왕의 생애가 기록되어 있어요. 광개토 대왕은 열여덟 살에 임금이 되었고, 서른아홉 살에 세상을 떠났어요. 건국 신화를 기록한 것을 보면 고구려 왕은 자신의 뿌리를 중요하게 여겼다는 것을 알 수 있죠.

두 번째 부분에는 광개토 대왕이 다른 나라와 전쟁을 벌여 땅을 넓히거나 항복을 받은 내용이 담겨 있어요. 남으로는 백제를 공격하고, 신라를 도와 가야와 왜를 물리쳤죠. 북으로는 중국 땅에 있던 후연을 비롯한 여러 나라와 전쟁을 벌여 큰 승리를 거두었어요. 광개

> 비석을 세워 업적을 기록하고 새겨 후세에 **보이고자** 한다.

광개토 대왕릉비 탁본으로, 비에 새겨진 글자를 잘 볼 수 있어요. 한 글자 한 글자 정성스럽게 새겼고, 글자 하나의 크기가 10~15센티미터나 된답니다.

광개토 대왕의 무덤으로 보이는 태왕릉이에요. 많이 무너지긴 했지만, 지금 규모도 운동장만큼 커요. 높이가 16미터, 한 변의 길이는 67미터나 되지요.

토 대왕은 전쟁의 달인답게 평생 전쟁을 치르며 살았고, 그 덕분에 고구려의 땅은 어마어마하게 넓어졌어요.

세 번째 부분에는 무덤을 잘 관리해 달라는 광개토 대왕의 유언이 담겨 있어요. 무덤 관리인들이 노예처럼 사고 팔리지 않도록 관리하라는 거죠. 비문에 따르면 무덤 관리인이 무려 330가구나 되었다고 하니 광개토 대왕이 자기 무덤에 쏟은 관심을 알 만해요. 이제 왜 비석을 세웠는지 짐작할 수 있겠죠? 광개토 대왕의 업적을 오래도록 널리 알리고 무덤을 잘 관리하기 위해서였어요.

그런데 이 비석은 어디에 세워져 있을까요? 태왕릉이라는 무덤 근처예요. 일부 학자들이 광개토 대왕의 무덤이라고 추측하는 무덤이죠. (근처에 있는 장군총이 광개토 대왕의 무덤이라고 보는 의견도 있어요.) 광개토 대왕의 아들인 장수왕은 아버지가 죽자 산처럼 큰 무덤과 하늘을 찌를 듯한 비석을 만들어 아버지의 업적을 널리 과시하고자 했답니다.

## 자신을 과시하는 방법

　광개토 대왕릉비에서 보이듯이 사람들은 자기가 한 일을 여러 사람이 볼 수 있도록 기록을 남겨 자신을 과시하곤 해요. 자기 업적을 비석으로 남긴 왕 가운데 대표적인 사람으로 신라 진흥왕을 꼽을 수 있어요. 진흥왕은 광개토 대왕처럼 신라의 땅을 많이 넓혔어요. 진흥왕은 새로 땅을 넓힌 땅을 돌아보고 "이제부터 여기는 신라 땅이다!"라는 비석을 세우곤 했는데 지금까지 모두 네 개가 발견되었어요. 이 비석들 가운데 순수비라는 이름이 붙은 것이 많아요. '순수'는 임금의 마음이 순수하다는 뜻이 아니라 '왕이 직접 그 땅에 갔다.'는 뜻이에요.

　아래 사진에 있는 것은 그 가운데 하나인 '서울 북한산 신라 진흥왕 순수비'예요. 신라가 한강 지역을 차지한 것을 기념해 북한산의 한 봉우리에 세웠는데 오랜 시간 비바람을 맞은 탓에 많이 훼손되어 국립 중앙 박물관으로 옮겨졌어요.

　한편 광개토 대왕릉비는 엄청난 크기로 우리를 놀라게 해요. 서울 용산에 있는 전쟁 기념관에 전시된 실물 크기의 복제품 앞에 서면 마치 하늘을 받드는 기둥처럼 보일 정도죠. 광개토 대왕이 진짜 대단한 사람

서울 북한산 신라 진흥왕 순수비(국보 3호)가 원래 서 있던 자리로, 이곳에서는 서울이 발 아래 내려다보여요.

남쪽 무덤과 북쪽 무덤이 맞붙어 이루어진 황남대총은 남북 120미터, 동서 80미터에 높이 22.6미터나 되어요.

처럼 느껴져요. 이처럼 크기로 자신을 드러내는 건 왕이나 귀족의 무덤에서 더욱 잘 드러나요. 위 사진 속 무덤은 신라 왕비의 무덤인 황남대총 북쪽 무덤이에요. 높이가 무려 22.6미터나 되어서 무덤 앞에 서면 사람이 개미만큼 작게 보이죠.

크기로 사람을 나누려는 생각은 그림에도 나타나요. 아래 작품은 고구려의 수산리 고분 벽화예요. 고구려에 거인이 살았던 것도 아닌데, 크고 작은 사람이 분명하게 보이죠. 거인처럼 큰 사람은 신분이 높은 사람이고, 작은 사람은 집에서 시중을 드는 신분이 낮은 사람인 듯해요.

이런 일들이 옛날에만 있었을까요? 요즘도 '이왕이면 크게, 이왕이면 높게, 이왕이면 많이'라는 생각으로 자신을 자랑하려는 경우를 쉽게 찾아볼 수 있지 않나요?

섬세하면서도 사실적으로 묘사된 인물화로 유명한 수산리 고분 벽화예요.

# 왜 신하를 죽여야 했을까?

국립 경주 박물관 전시실에 육각 돌기둥이 전시되어 있어요. 앞면에는 그림이, 나머지 면에는 네모 칸이 가득 차 있어요. 그런데 그림이 잘 안 보인다고요?

오른쪽 그림은 왼쪽 돌기둥에 종이를 대고 먹을 묻혀 뜬 탁본이에요. 탁본을 보니 희미한 그림이 잘 보여요. 어, 발 아래 사람 머리가 떨어져 있어요 ❶. 그래요, 이 비석에는 사람이 죽는 장면이 새겨져 있어요. 하지만 보통 사람들의 죽음과 달라요. 먼저, 목 위로 뭔가 길쭉하게 솟아 있어요 ❷. 아마 이것은 피일 텐데 왜 기둥처럼 표현했을까요? 둘째, 가지런히 손을 모으고 죽음을 맞았어요 ❸. 죽은 이가 죽음을 두려워하지 않았다는 걸 강조한 것 같아요. 셋째, 하늘에 뭔가 둥둥 떠 다녀요 ❹. 꽃처럼 생긴 이것의 정체는 무엇일까요? 마지막으로 바닥에 구불구불한 선들이 보여요 ❺. 물처럼 보이는 이것은 무엇이며 죽음과 어떤 관련이 있을까요?

**이 사람은 누구이기에 죽는 장면을 돌기둥에 새겼을까요? 그리고 왜 죽어야 했을까요?**

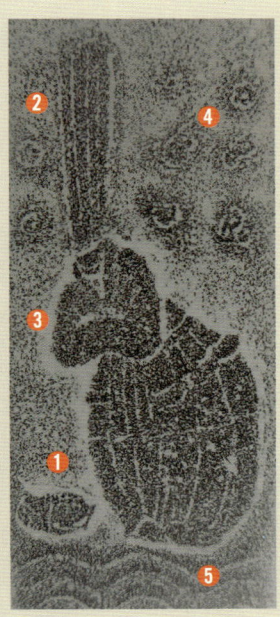

국립 경주 박물관에 전시된 이차돈 순교비

이차돈 순교비 탁본

## 이차돈이 죽은 까닭은

이 돌기둥의 이름은 '이차돈 순교비'예요. 비석의 네모 칸 안에는 이차돈의 죽음에 얽힌 사연이 적혀 있어요.

이차돈은 신라의 법흥왕 때 사람이었어요. 법흥왕은 왕의 힘을 강하게 키우고 싶었지만, 이것저것 간섭하는 귀족들이 걸림돌이었어요. 법흥왕은 왕권 강화를 위해 먼저 법을 정비했어요. 그리고 불교에 주목해 '사람들에게 불교를 믿도록 하면 어떨까?' 하고 생각했죠. 비석에는 '백성들을 위해'라고 기록되어 있지만 사실 왕을 위해서였어요. 사람들이 왕을 부처님과 같은 존재라고 믿게 되면 귀족들보다 권위가 훨씬 높아지겠죠. 또 지금 내가 겪는 좋거나 나쁜 일은 모두 전생에 한 일 때문이라는 불교의 인과응보설은 고달픈 현실에 대한 불만을 잠재우기에 딱 좋았어요. 게다가 백성들이 모두 같은 종교를 믿으면 다스리기 편하기도 하고요.

그런데 왕의 힘이 커지길 꺼려 하는 귀족들은 왕이 불교를 공식적으로 인정하는 걸 반대했어요. 왕이 불교를 이용해 귀족들의 힘을 누르려 한다는 걸 눈치챘

경주 분황사 모전석탑(국보 30호)            황룡사 구층 목탑 복원 모형

거든요. 게다가 부처님은 다른 나라의 신이었어요. 마침 그때 왕의 뜻을 알아차린 젊은 신하 이차돈이 자기 목숨을 바치겠다고 나섰어요. 이차돈은 법흥왕에게 '거짓된 왕명을 전했다 하고 자신의 목을 베라.'고 미리 이야기를 해 두었어요.

그런 뒤 이차돈은 왕이 내린 명령이라면서 절을 지으려고 했어요. 이에 귀족들이 반발하자 법흥왕은 이차돈이 거짓 왕명으로 절을 지으려 했다며 이차돈의 목을 베었죠. 그랬더니 이차돈의 목에서 흰 젖이 솟구쳤고, 하늘에서 꽃비가 내리면서 땅이 흔들렸다고 기록은 전해요. 이차돈 순교비에 나오는 장면이죠? 이 사건을 계기로 527년, 불교가 신라에서 공식적으로 인정되었어요.

그 뒤, 신라의 왕들은 열렬히 불교를 믿으며, 나라를 다스리는 데 활용했어요. 특히 선덕 여왕은 왕이 된 뒤 향기로운 임금의 절이라는 '분황사'를 지어 여자가 왕이 되어도 큰 문제가 되지 않는다는 걸 세상에 알렸어요. 또 고구려와 백제가 공격하고, 중국 당나라에서 여자가 어떻게 나라를 다스리냐고 비아냥대자 불교의 힘으로 체면을 세우고자 했어요. 그렇게 해서 만들어진 것이 황룡사 구층 목탑이에요.

## 세 나라 모두 불교를 믿다

고구려와 백제에서는 신라보다 훨씬 전에 불교를 공식적으로 받아들였어요. 신라처럼 왕과 왕실이 중요한 역할을 했는데, 그들 역시 자신의 권위를 세우고 나라의 힘을 키우려는 목적이 컸어요.

불교는 이전 종교보다 삶과 죽음의 문제에 대해 깊이 있는 답을 주었어요. 삶이란 무엇이며, 고통에서 벗어나려면 어떻게 해야 하는지, 죽음이란 무엇이며 좋은 세상에 태어나는 길은 무엇인지 알려 주었거든요. 또한 불교의 전래는 하나의 종교를 넘어 새로운 문화가 들어왔다는 것을 의미해요. 당시 최고 지식인이던 승려들은 불교가 융성한 중국에 유학을 가서 중국의 문화를 익히고, 갖고 들어왔거든요.

불교가 널리 퍼지면서 절이 많이 생겼고, 사람들은 부처님께 인사를 드리고 소원을 빌러 절로 모여들었어요. 불교를 퍼뜨리기 위해 불상도 많이 만들어졌어요. 지금까지 전해오는 불상 가운데 특히 아이들에게 인기가 높은 것이 있어요. 삼화령 애기 부처라는 별명이 붙은 '생의사 미륵 삼존불'이에요. 얼굴이나 몸집이 귀여운 아기처럼 생겼죠. 호기심 많은 아이들이 발가락을 만져 발가락이 까맣게 되었다고 해요. 아기 불상 사진 위에 있는 금빛 불상은 고구려에서 만들어진 '금동 연가 칠년 명 여래 입상'이에요. 몸 뒤에 붙은 타원형 판에 쓰인 글을 보면, 불교를 퍼뜨리기 위해 1천 개의 불상을 만들었고, 이 불상은 그 가운데 29번째 것이라고 해요.

또 특별한 곳에 불상이 만들어지기도 했어요. 흔히 '서산 마애 삼존 불상'이라고 부르는 '서산 용현리 마애 여래 삼존상'은 백제에서 만들어진 불상으로, 고갯길 절벽에 있어요. 아마 고개를 오가는 사람들을 보호하기 위해 만들어졌을 거예요. 온화한 미소를 짓고 있는 부처님 얼굴을 보면서 힘들고 무서운 고개도 즐거운 마음

금동 연가 칠년명 여래 입상(국보 119호)

고구려

신라

백제

생의사 미륵 삼존불

서산 용현리 마애 여래 삼존상(국보 84호)

으로 넘을 수 있었겠죠.

　신라가 삼국을 통일한 뒤에도 불교는 여전히 큰 인기를 누렸어요. 그런데 신라 말에 이르면서 새로운 생각이 등장했어요.

　"누구나 다 부처가 될 수 있다."

　이 말은 왕이 되고 싶은 사람들에게 "나도 왕이 될 수 있다."는 말로 들렸을 거예요. 이처럼 한때는 왕권을 강화하는 데 도움을 준 불교가 나중에는 왕권을 약화시키는 역할을 했답니다.

65

# 10 삼국 시대 대표 문화유산

# 문화유산 재미있게 보는 법

지금도 삼국 시대를 대표하는 문화유산이 많이 남아 있어요. 작품들을 재미있게 보기 위해서는 작품의 주인공이 되어 보고, 뜯어보고, 상식과 다르게 생각하고, 원래 있던 곳과 연결지어 생각하고, 여러 가지 관점으로 접근해 보는 방법이 있어요. 상상하고 느껴 보세요. 작품이 더 생생하게 다가올 거예요.

## 주인공 되어 보기

이 그림은 고구려의 '무용총'이라는 무덤 안에 있는 벽화예요. 말을 타고 산과 들을 누비는 주인공이 되어 보세요. 앞쪽 말을 타 볼까요? 어렸을 때부터 말을 타서인지 두려움 없이 달리는 말에서 고삐를 잡지 않고 활시위를 당길 수 있어요. 호랑이가 얼굴을 일그러뜨리며 죽을힘을 다해 도망가네요. 하지만 호랑이는 화살을 피하지 못할 거예요. 이번에는 뒤쪽 말을 타 볼까요? 달리는 말에서 몸을 돌려 사슴을 향해 화살을 쏘려고 해요. 이런 자세는 말을 진짜 잘 타야 가능하죠. 말을 달린다는 상상만으로도 바람이 귓가를 스치는 듯해요. 또 산과 들을 내달리던 고구려 사람들의 기상이 전해지는 것 같아요.

말을 타고 달리면 정말 두근두근 신날 것 같아요.

사람들이 펄펄 날아다니는 것 같아요.

사슴이 호랑이보다 훨씬 커요!

무용총 벽화 가운데 〈수렵도〉

## 눈을 크게 뜨고 하나하나 뜯어보기

얼핏 봐서는 뭐가 뭔지 알기 힘든 작품이 있어요. 그래서 휙 지나치기 쉽죠. 그럴 때는 "이건 뭘까?" 질문을 던지며 하나하나 뜯어보면 보이지 않던 것들이 하나둘 보이기 시작한답니다.

오른쪽 사진에서 먼저 맨 위에 있는 신비한 새❶를 자세히 볼까요? 가슴에 작은 구멍이 보이나요? 향을 피우면 이 구멍으로 연기가 솔솔 나와요. 이것으로 보아 이 작품은 향을 피우던 향로라는 것을 알 수 있어요. 백제 왕의 명복을 빌기 위해 왕릉 옆에 지은 절에서 쓰던 것이에요.

이 작품은 받침, 몸체, 뚜껑으로 이루어졌어요. 몸체와 받침이 만나는 곳에서 입을 쫙 벌려 몸체를 물고 있는 용❷을 찾을 수 있죠. 몸체는 세 겹의 꽃잎❸으로 이루어졌어요. 꽃잎과 그 사이 사이에 갖가지 장면이 묘사되어 있어요. 뚜껑에는 산이 구불구불하게 표현되었어요. 뚜껑을 펼쳐놓은 아래 사진을 보니 여러 가지 모습을 한 사람들과 동물들이 보여요. 가장 위에는 악사들 ♥이 배소, 종적, 완함, 북, 거문고를 연주하고 있어요. 백제 최고의 걸작 가운데 하나로 꼽혀요.

어디에 쓰는 물건인지 모르겠어요.

백제 금동 대향로(국보 287호)

새가 꼭대기에 앉아서 뭐 하고 있죠?

백제 금동 대향로 뚜껑 부분을 펼친 모습이에요.

## 상식과 다르게 생각하기

어떤 작품에 대한 해석을 들으면 대부분 별 의심 없이 받아들이곤 해요. 그런데 조금 다르게 생각해 보면 어떨까요? "이건 왜 그렇지?", "정말 그럴까?"라는 질문을 던지다 보면 문화유산이 새롭게 보이는 순간이 와요.

오른쪽 사진은 경주 천마총에서 나온, 무척 화려한 금관이에요. 머리띠처럼 생긴 테에 큰 장식들을 세웠는데, 어쩐지 약해 보여요. 게다가 작은 장식까지 주렁주렁 달렸죠. 신라 왕이나 왕족들은 이런 금관을 머리에 썼을까요?

아래 사진은 천마총에서 금관이 발굴될 당시의 모습을 재현한 거예요. 금관은 삼각형으로 눌렸고, 큰 목걸이 바로 위에 놓여 있어요. 만약 머리에 썼던 것이라면 이마 쪽에 놓여 있었어야 할 텐데 말이죠. 그런데 신라의 다른 금관도 발굴 당시 대부분 이런 모습이었어요. 금관은 왜 이렇게 발굴되었을까요? 아마도 신라 사람들은 금관을 죽은 사람의 얼굴에 뒤집어씌우고, 윗부분을 한데 모아 묶은 상태로 묻었을 것이라는 의견이 있어요. 오랜 세월이 흐르면서 시신은 썩어 사라지고, 그 위로 무덤이 내려앉아 금관이 삼각형 모양으로 찌그러졌겠죠. 그리고 얼굴에 뒤집어씌웠기 때문에 큰 목걸이 바로 위에 놓이게 되었을 거예요.

천마총 발굴 당시 금관과 큰 목걸이, 허리띠 등 다양한 물건들이 함께 발견되었어요.

천마총 금관(국보 188호)

## 원래 놓여 있었던 곳 찾아보기

박물관에 있는 문화유산은 모두 원래 자리를 떠난 것들이에요. 그렇기 때문에 원래 어디에 쓰이던 물건인지, 무슨 뜻을 지니고 있는지 알기 어려운 경우가 많아요. 원래 어느 곳에 있었는지 알게 되면 의미를 아는 데 큰 도움이 되지요.

오른쪽 유물은 흙으로 빚어 만든 토기예요. 가야 시대 토기 가운데에서 가장 뛰어난 작품으로 손꼽혀요. 동그란 받침대 위에 말을 탄 사람이 있어요. 사람과 말 모두 튼튼한 갑옷을 입었어요. 사람 손에는 방패와 무기가 들려 있죠. 말이 갑옷까지 입은 것을 보면 꽤 지위가 높은 군인인 것 같아요.

이 작품에는 말에서 찾아보기 어려운 것이 있어요. 말 등에 있는 손잡이 같은 것으로, 위는 넓고 아래로 가면서 좁아지죠. 이것은 뿔이에요. 진짜 말 위에 이런 것을 올려놓았다면 말이 무척 힘들어했을 거예요. 저 뿔의 정체는 무엇일까요?

이 작품은 원래 무덤에 묻혀 있었을 가능성이 상당히 높아요. 그렇다면 말을 탄 사람은 죽은 이를 저승으로 인도하는 호위 무사였을 거예요. 그럼 뿔은 뭘까요? 가야와 신라의 무덤에서 뿔 모양 술잔이 여럿 발견된 것으로 보아 이것도 술잔이라고 볼 수 있죠. 즉 이 뿔잔은 죽은 이를 저승으로 이끈다는 상징성과 술잔이라는 기능이 합쳐진 작품이랍니다.

도기 기마 인물형 뿔잔(국보 275호)

## 문화유산을 대하는 태도

문화유산을 둘러싼 논쟁은 늘 있어 왔어요. 문제가 생겼을 때 사람마다 무엇을 중요하게 생각하느냐에 따라 의견과 해결 방법이 달라요. 어떻게 하면 최선의 방법을 찾을 수 있을까요?

뺨에 손을 대고 골똘히 생각에 잠긴 이분은 누구일까요? 이 유물의 이름은 '금동 미륵보살 반가 사유상'이에요. 이름을 보니까 이분은 '미륵보살'이에요. 이름이 금동으로 만든 미륵보살이 반가하고(한쪽 다리를 올리고), 사유(생각)하고 있다는 뜻이니까요. 사람들은 이 작품을 삼국 시대 최고의 작품, 더 나아가 우리나라를 대표하는 작품으로 꼽기도 해요.

그런데 지난 2013년, 이 작품을 둘러싸고 논쟁이 벌어졌어요. 이 작품을 가지고 있는 국립 중앙 박물관에서 미국 메트로폴리탄 박물관에서 열리는 전시에 이 작품을 출품하기 위해 문화재청에 해외 반출 신청을 했거든요. 문화재청은 우리 문화유산이 외국으로 나가도 될지 말지를 결정하는 정부 기관이에요. 국립 중앙 박물관에서는 메트로폴리탄 박물관에서 열리는 전시가 우리 문화의 우수성을 알리는 데 좋은 기회이기 때문에 이 작품을 꼭 보내야 한다고 주장했어요.

처음에는 문화재청에서 이 작품이 외국으로 나가면 안 된다는 결정을 내렸어요. 이미 여러 차례 외국으로 나가 전시를 했으니 이제는 안전을 위해 나가서는 안 된다는 거였죠. 된다, 안 된다 여러 차례 결정이 바뀐 끝에 '우리 문화유산의 아름다움을 널리 알리는 좋은 기회임을 감안하여' 전시에 나가는 쪽으로 결정이 내려졌어요. 만약 여러분이라면 어떤 결정을 내렸을까요?

금동 미륵보살 반가 사유상(국보 83호)

## 역사 기록은 모두 진실일까?

    이 그림은 부여 낙화암 옆 고란사라는 절에 그려져 있는 벽화예요. 그림의 배경은 강가 절벽이에요. 그림 앞쪽에는 절벽에서 얼굴을 가리고 뛰어내리는 여인들, 뛰어내릴 준비를 하는 여인들, 얼굴을 반쯤 가린 채 차례를 기다리는 여인들로 꽉 차 있어요. 모두 얼굴을 가리고 눈물을 흘리는 듯해요.

충청남도 부여에 있는 고란사 벽화 그림

앞에는 더 이상 갈 수 없는 절벽이고, 저 뒤에는 말을 탄 군사들이 무시무시한 칼과 창, 도끼를 휘두르며 쫓아오니 이들은 어쩔 수 없이 절벽 아래로 몸을 던지는 것이겠죠.
그림 가운데에서는 기와집들이 불에 활활 타고 있고, 그릇들은 다 깨져서 나뒹굴고 있어요. 이 여인들이 살던 집인가 봐요.

**여인들은 왜 군인들에게 쫓긴 채 절벽 아래로 몸을 던지고 있는 걸까요?**

## 의자왕 때문에 백제가 망한 걸까

충청남도 부여 백제 왕릉원에 있는 의자왕 단

왼쪽 사진에 보이는 무덤과 비석은 누구 것일까요? 사실 무덤처럼 보이지만 이것은 의자왕 단(壇)으로, 2000년도에 만들어졌어요. 의자왕은 백제가 망한 뒤 중국 당나라의 도읍인 뤄양으로 끌려갔다가 1년도 되지 않아 죽음을 맞이했죠. 그래서 중국 뤄양에 있는 의자왕 무덤으로 추측되는 곳에서 흙을 가져와 이 단을 만들었어요.

의자왕은 왜 백제가 아니라 중국 당나라에서 죽음을 맞았을까요? 당나라가 13만 대군을 동원해 신라와 힘을 합쳐 백제를 공격해 멸망시키고, 의자왕을 비롯한 백제 사람들을 포로로 잡아갔기 때문이죠.

그런데 의자왕에게 오랫동안 이런 꼬리표가 따라다녔어요.

"궁녀를 3천 명이나 거느릴 정도로 방탕했고, 바른 말을 하는 충신들을 죽였으며, 적군이 쳐들어왔을 때조차 우유부단했다."

이런 말을 들으면 "그러니까 나라가 망하지." 하고 혀를 끌끌 차게 마련이에요.

이 말은 진실일까요? 우선 백제 멸망을 전하는 역사서인 『삼국사기』는 백제를 멸망시킨 신라의 입장에서 쓰여졌어요. 아무래도 신라는 백제가 망한 이유를 신라가 당나라 군대를 끌어들여서가 아니라, 의자왕의 무능 탓으로 돌리고 싶지 않았을까요?

사실 다른 기록에서는 의자왕이 나라를 망하게 할 정도로 방탕했다는 내용을 찾기 어려워요. 또 충신이라고 표현된 사람들도 의자왕이 왕권을 강화하는 과정에서 밀려난 귀족들일 가능성이 있고요.

그럼 고란사 벽화에 나오는 여인들과 의자왕은 어떤 관련이 있을까요? 이 여인들은 의자왕의 3천 궁녀예요. 그런데 3천 궁녀가 떨어졌다는 낙화암을 가 본 적이 있나요? 아래 사진을 보면 알 수 있듯 낙화암에 그렇게 많은 사람이 한꺼번에 서 있는 건 불가능해요.

의자왕의 후궁이나 궁녀들이 절벽에서 떨어졌다고 기록된 책에도 '3천'이라는 숫자는 나오지 않아요. 이 숫자는 한참 시간이 흐른 뒤인 조선 시대 한 시인이 낙화암에 대한 시를 쓰면서 '많은 사람'이라는 뜻으로 쓰면서 퍼지기 시작했어요. 이 시가 지어진 뒤부터 많은 사람들이 의자왕의 궁녀가 실제 3천 명인 것으로 믿었어요.

이처럼 누가 기록을 하는가에 따라, 무엇을 강조하고 싶은가에 따라 역사적 사실이 달라지기도 해요. 달라진 이야기를 누구나 사실이라고 믿기도 하죠. 그러면 궁녀들을 강물에 뛰어들게 한 건 의자왕이었을까요, 아니면 당나라와 신라였을까요?

충청남도 부여 부소산에 있는 낙화암이에요. 바위 꼭대기 있는 작은 정자가 백마강을 내려다보고 있어요.

## 자기가 보고 싶은 대로 기록한다?

역사를 훑어보면 한 왕조가 세워질 때 이전 왕조의 마지막 시기 왕들을 무능한 사람으로 만드는 경향이 있어요. 신라를 이어 등장한 고려나, 고려에 이어 등장한 조선도 모두 그랬어요. 그래야 새 왕조의 정당성을 인정받을 수 있으니까요.

1천 년 동안 신라의 수도였던 경주 포석정에 가 본 적이 있나요? 이곳은 흔히 신라 왕이나 귀족이 술을 마시며 놀던 곳으로 알려져 있어요. 『삼국사기』에는 후백제를 세운 견훤이 경주를 공격했을 때 당시 신라의 왕이던 경애왕이 포석정에서 술자리를 벌이고 놀다가 견훤에게 붙잡혀 스스로 목숨을 끊었다고 나와요. 의자왕 이야기처럼 "이러니까 신라가 망하지."라는 탄식이 절로 나오죠.

그런데 포석정이 진짜 연회를 열던 곳이고, 경애왕은 적이 쳐들어오는지도 모르고 놀다가 죽었을까요? 어쩌면 포석정은 놀이터가 아니라 왕이 제사를 지내던 사당이었고, 견훤이 공격했을 때 경애왕은 기도를 드리고 있었을 가능성이 있다고 해

온달 장군이 성을 쌓고 신라군과 싸우다가 전사했다는 전설이 전하는 단양 온달산성이에요.

요. 적이 코앞까지 쳐들어왔는데 왕이 목숨을 던져 가며 놀았다는 건 말이 안 되죠.

하지만 일단 많은 사람들에게 사실처럼 받아들여진 이야기는 쉽게 바뀌지 않아요. 진짜 사실이 밝혀져도 쉽게 믿으려 들지 않고요. 흔히 알고 있는 바보 온달 이야기도 마찬가지죠. 이 이야기는 고구려의 한 바보가 공주를 만나 출세했다는 내용이에요. 아주 극적인 이야기로, 오랜 시간이 지난 지금도 이렇게 믿는 사람들이 많아요. 하지만 이야기 속에 나오는 것과 달리 온달은 바보도, 평민도 아니었다고 해요. 온달은 뛰어난 능력 덕분에 왕권을 강화하려던 평강왕의 눈에 들어 공주와 결혼했을 가능성이 높아요. 실제로 온달은 왕권 강화를 위해 노력했어요. 다만 온달은 공주와 결혼하기 어려운 하급 귀족이었을 가능성이 높아요. 이런 점이 마음에 들지 않았던 고급 귀족들이 온달을 바보 취급했던 건 아니었을까요?

이런 이야기들로 비추어 보면, 어떤 사실을 받아들일 때 다른 입장에서 한 번 더 따져 보고 생각해 보는 일은 아주 중요하답니다.

## 저곳에 누가 있을까?

이곳은 경상북도 경주에 있는 석굴암이에요. 이곳은 수학여행을 온 친구들로 가득해요. 그런데 석굴암 앞을 지나는 데 걸리는 시간은 단 5초. 사람들에게 밀려 정신없이 지나가느라 친구들 뒤통수만 보다가 정작 석굴암은 휙 지나쳐요. 석굴암에 왔는데 석굴암을 보기가 너무 힘들죠!

자세히 보려고 앞으로 갔는데 유리벽이 가로 막고 있어요.

신라를 대표하는 문화유산이고, 건축과 수학, 종교, 예술이 잘 어우러져 세계 문화유산으로 지정되었다는데 제대로 못 봐서 아쉬워요.

석굴암을 잘 보기 위해서는 어떻게 해야 할까요? 아는 만큼 보인다는 말처럼 여기서 석굴암에 대해 알아보면 잠시 뒤 "석굴암이 이랬어!"라며 탄성을 지를지도 몰라요.

**지금부터 석굴암으로 여행을 떠나 볼까요?**

경주 석굴암 석굴(국보 24호)

## 석굴암 석굴에는 누가 있을까

보통 석굴암이라고 부르지만, 정식 이름은 돌로 만든 굴이라는 뜻의 '경주 석굴암 석굴'이에요. 석굴암은 입구에서부터 네모난 방, 부처님이 계신 동그란 방과 두 곳을 연결하는 복도까지 세 부분으로 이루어졌어요. 이곳에는 부처님을 비롯해 모두 38명이 자리 잡고 있죠.

석굴암에 들어가면 가장 먼저 네모난 방♥을 만나요. 이곳에서 부처님께 예불을 드려요. 양쪽 벽에는 팔부중상❶이라는 경호원이 각각 네 명씩, 모두 여덟 명이 갑옷을 입고 무기를 들고 이곳을 지켜요. 복도 입구 양 벽에서는 석굴암을 지

팔부중상          인왕상     사천왕상

키는 울퉁불퉁한 근육질의 문지기 인왕상❷을 만날 수 있어요. 인왕을 지나면 복도 양 옆에 벽에서 막 뛰쳐나올 것 같은 네 명의 듬직한 사천왕상❸이 있죠. 이들은 부처님 나라를 지키는 경호 대장이에요.

경호원들을 지나면 석굴암의 중심인 동그란 방♠이 나와요. 방 한가운데 부처님이 앉아 있고, 주위의 둥그런 벽에 수호신과 보살, 열 명의 제자가 부처님을 바라보듯 늘어서 있어요. 돌로 만들어졌지만 마치 살아 숨쉬는 듯 생생함이 느껴져요.

먼저 아름답고 우아한 문수보살❹을 만나 볼까요? 이분은 지혜를 뜻하는 분으로, 키가 크고 늘씬한 석굴암 최고의 멋쟁이예요. 반면 부처님의 아들이자 열 명의 부처님 제자 가운데 한 사람인 라훌라❺는 스님이라 목걸이나 귀걸이는 하지 않았어요. 2층에 있는 작고 둥그런 방인 감실에도 모두 여덟 명이 있어요. 아래 사진은 허공장보살❻이에요. 고개를 기울여 생각하는 모습이 무척 아름답죠.

문수보살

라훌라

허공장보살

## 석굴암의 중심

둥그런 방 가운데에 당당하게 앉아 있는 부처님, 본존불이 있어요. 바로 석굴암의 주인공이죠. 먼저 얼굴을 볼까요? 눈을 뜬 것 같기도 하고, 감은 것 같기도 한 얼굴은 어떤 순간의 표정일까요? 부처님은 사람이 태어나서 죽을 때까지 겪는 고통이 왜 생기는지 오랫동안 깊게 고민했어요. 고민을 풀기 위해 죽기 직전까지 굶는 일도 마다하지 않았어요. 그러다 보리수나무 아래에서 삶의 고통에서 벗어나 영원한 즐거움에 이르는 길을 찾았다고 해요. 이 부처님의 얼굴은 깨달음을 얻은 바로 그 순간을 나타냈어요. 부처님 얼굴에 살며시 미소가 드러나는 건 이런 까닭일 거예요.

이번에는 옆에서 얼굴을 볼까요? 앞에서 볼 때와 느낌이 다르죠. 인자하고 부드러운 모습이 더 도드라져 보여요.

부처님의 오른손을 볼까요? 검지를 살짝 올리고 있네요. 마치 살아 움직이는 것 같아요. 이 손가락 모양에도 깊은 뜻이 담겨 있어요. 부처님이 깨달음에 이르지 못하도록 방해하던 마왕이 부처님에게 "당신은 깨달음을 얻을 자격이 없다."고 하자 부처님은 땅의 신이 증명해 줄 것이라며 손가락을 들어 땅을 가리켰어요. 그러자 땅의 신이 나타나 깨달음을 증명했죠. 이 손가락은 이 장면을 묘사한 거예요.

부처님은 깨달음을 얻은 분이라 보통 사람과 다르게 표현했어요. 머리카락은 동글동글 말렸고, 머리 위에는 또 작은 머리가 있어요. 이것은 성자의 머리 모양에서 비롯되었다고 해요. 이마 사이에 있는 것은 하얀 털이라고 해서 '백호'라고 불러요. 본래 불법을 상징하죠. 이 부처님은 털 대신 수정을 붙였어요.

본존불 옆모습

본존불 오른손 손가락

석굴암 본존불

천장이 무너지지 않도록 서른 개의 쐐기돌이 잡아 주고 있어요.    석굴암 천장 모습

## 돌천장이 무너지지 않는 까닭은

석굴암의 천장을 올려다본 적이 있나요? 놀랍게도 천문대처럼 둥그렇게 생겼어요. 어떻게 이렇게 돌을 쌓았을까요? 신라 사람들은 천장이 무너져 내리지 않도록 특별한 장치를 했어요. 왼쪽 석굴암 모형을 보면 천장 가운데를 중심으로 햇살처럼 퍼지는 긴 막대기 모양의 돌이 보이나요? 비밀은 이 돌이에요. 이 돌이 다른 돌들을 꽉 잡아주고 있어서 무너지지 않는 거예요. 이렇게 해도 천장을 완성하는 일은 쉽지 않았는지 이런 이야기가 전해요. 석굴암을 짓던 김대성이 이런 꿈을 꾸었어요.

"큰 돌 한 장을 다듬어 뚜껑을 삼고자 하였다. 갑자기 이 돌이 셋으로 갈라져 버렸다. 대성이 분히 여기다가 잠시 잠에 들었다. 그런데 밤중에 하늘의 신이 내려와 마무리하고 돌아가니……."

지금도 천장에서 이야기 속에 나오는 세 조각난 덮개돌을 볼 수 있어요.

석굴암은 신라 경덕왕 10년(751)에 재상이었던 김대성이 부모를 위해 짓기 시작해 다음 왕인 혜공왕 10년(774)에 완성했다고 해요. 당시에는 석굴암이 아니라 석불사라고 불렀어요. 경덕왕 때는 신라의 문화가 무척 발달했어요. 흔히 석굴암은 같은 때 지어진 불국사와 함께 이 시기의 찬란한 문화를 대표한다고 해요.

그런데 석굴암은 왜 만들었을까요? 김대성이 부모의 은혜를 갚기 위해 만들었다고도 하고, 경덕왕이 지금은 태평성세라는 것을 과시하기 위해서였다고도 해요. 그런데 석굴암이 한 개인의 사업이 아니라 국가적인 사업이었다면 단순한 문제는 아니었을 것 같아요. 그런데 경덕왕이 다스리던 때, 자연재해가 많아 백성들이 먹고살기 어려워졌다고 해요. 또 왕권을 견제하는 귀족들의 힘이 커져 갈등도 많았죠. 경덕왕은 민심을 달래고 갈등을 봉합하기 위해 석굴암과 불국사라는 놀랄 만한 승부수를 던진 건 아니었을까요?

그런데 왜 이렇게 중요한 문화유산인 석굴암을 유리벽으로 막아 놓았을까요? 일제 강점기 때 석굴암이 거의 허물어진 상태에서 발견이 되었어요. 이때 대대적으로 수리를 했는데, 수리를 제대로 못해 석굴에 물기가 맺히는 등 여러 문제가 생겼어요. 해방된 뒤 여러 차례 수리를 해도 문제가 해결되지 않아 아예 유리벽을 만들고 관람객들이 그 너머로만 보도록 한 것이랍니다.

일제 강점기 당시 발견된 석굴암의 모습

돌침대가 있는 걸 보니 여기는 침실인가요?

벽에 그려진 사람들은 이 침대를 지키는 건가요?

정효 공주 무덤을 재현한 국립 민속 박물관 전시관

너무 어두워서 귀신이 나올 것 같아요.

# 발해는 어떤 나라일까?

국립 민속 박물관에 가면 낯선 방을 만날 수 있어요. 무서운 영화에 나오는 방처럼 어둡고 컴컴해요. 오른쪽 끝에는 열릴 것 같지 않은 문이 보이고 그 앞에는 모서리를 깎은 네모난 돌이 서 있어요. 그리고 방 한가운데에는 사람이 누웠을 것 같은 커다란 벽돌 침대가 있어요. 벽에 그려진 사람들은 침대를 호위하듯 늘어서 있고요. 사람이 사는 방 같지는 않아요.

사실 이곳은 발해 공주의 무덤을 재현한 전시관이랍니다. 진짜 무덤은 우리나라에 없고 저 멀리 중국 지린 성 허룽이라는 곳에 있어요. 그곳은 가기도 어려울뿐더러 가더라도 무덤 안으로 들어갈 수 없게 해 놓았어요. 그래서 많은 사람들이 볼 수 있도록 국립 민속 박물관에 똑같이 만들어 놓았어요. 그만큼 이 무덤이 발해의 역사를 아는 데 중요하다는 뜻이죠.

그런데 '발해'라는 이름을 들어본 적이 있나요? 한반도 남쪽에 통일된 신라가 있을 때 북쪽에 있던 나라예요. 지금의 북한, 중국, 러시아에 걸쳐 있었죠. 그래서 그런지 우리에게는 조금 낯설게 느껴져요.

**이제 공주의 무덤으로 들어가 공주의 정체를 밝히고, 발해라는 나라에 대해 알아볼까요?**

## 무덤에는 누가 있을까

 발해 공주의 무덤 벽에는 아래 사진에 보이는 사람을 포함해 열두 명이 그려져 있어요. 무덤 문 앞에는 문지기가, 무덤 안에는 군인과 시중을 드는 사람, 악기를 든 사람이 있어요. 모두 죽은 공주를 지켜 주고 도와주고 즐겁게 해 주는 사람들이에요.

 이 사람들 얼굴을 좀 더 자세히 볼까요? 하얗고 둥그런 얼굴에 붉고 작은 입술을 가지고 있어요. 그런데 옷은 남자처럼 입었어요. 얼굴을 보면 여자 같고, 옷을 보면 남자 같죠. 발해를 연구하는 학자들은 이들을 남자 옷을 입은 여자라고 봐요. 왜 이렇게 그렸을까요? 무덤의 주인이 여자이기 때문일 거예요. 어쨌든 이들은 1,200여 년 전 발해 사람들이에요.

중국 지린 성 허룽에 있는 정효 공주 무덤 발굴 당시 찍은 사진이에요.

정효 공주 무덤에 그려진 벽화

그럼 무덤의 주인인 공주는 누구일까요? 학자들이 이 무덤을 조사했을 때는 이미 도굴꾼들이 무덤 안에 있던 보물들을 대부분 훔쳐간 뒤였어요. 남은 건 공주와 공주의 남편의 것으로 보이는 뼛조각, 그리고 아주 적은 양의 유물뿐이었어요.

다행스럽게 도둑들이 훔쳐가지 않은 귀중한 보물이 남아 있었어요. 벽돌 침대 앞에 놓여 있는 돌판이죠. 이 돌판 한 점 덕분에 이 무덤이 발해의 유적 가운데 가장 중요한 곳이 되었어요. 이런 돌판을 보통 '묘지석'이라고 부르는데, 죽은 사람이 누구인지, 어떻게 살았는지 기록되어 있어요.

묘지석을 살펴볼까요? 돌판에 정효 공주 묘지 병서(貞孝 公主 墓誌 幷序)라고 쓰여 있어요. 그러니까 무덤 주인의 이름은 정효 공주예요. 정효 공주는 발해 문왕의 넷째 딸이었는데 792년에 서른여섯 살의 나이로 세상을 떠났다고 적혀 있어요. 남편과 어린 딸이 먼저 죽자 빈방을 바라보며 슬퍼하다가 먼저 죽은 남편과 함께 이 침대에 누웠을 거예요.

이 묘지석은 정효 공주 개인에 대한 기록이자 발해에 대한 기록이에요. 이 묘지석을 통해 문왕이 황제로 불렸다는 것을 비롯해 당시 발해의 여러 가지 상황을 알 수 있었어요.

정효 공주에 대해 자세한 기록이 남아 있는 묘지석이에요.

## 발해는 어떤 나라였을까

정효 공주의 아버지 문왕은 발해의 세 번째 왕이었어요. 문왕의 할아버지인 대조영은 고구려의 장수로, 고구려가 망한 뒤 고구려 사람들과 말갈 사람들의 힘을 모아 698년 고구려를 계승한 발해를 세웠어요.

대조영의 뒤를 이은 무왕은 발해를 압박하던 중국 당나라를 공격해 중국의 간담을 서늘하게 했어요. 일본에 처음으로 외교 사절을 파견하고 주변 국가들과 전쟁을 벌여 옛 고구려의 영토를 회복해 나갔어요. 무왕의 뒤를 이은 문왕은 왕의 힘을 강화하기 위해 중앙 정부 조직과 지방 행정 조직을 정비하고, 나라를 더 잘 다스리기 위해 수도를 여러 번 옮겼어요.

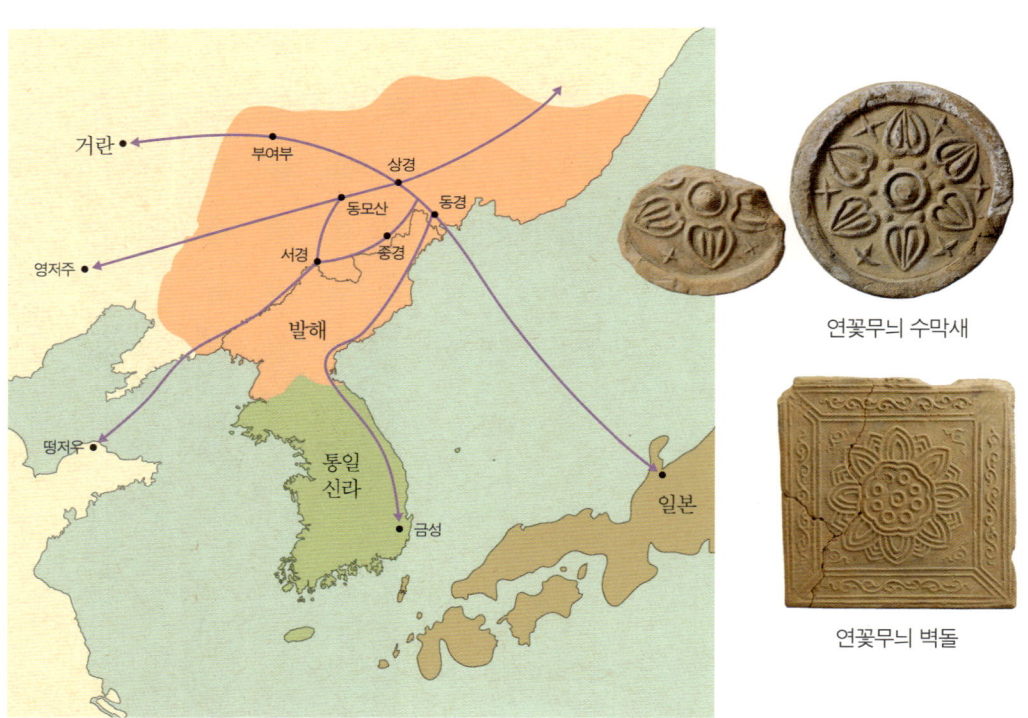

동아시아 나라들과 활발한 교역 활동을 벌인 발해

연꽃무늬 수막새

연꽃무늬 벽돌

발해의 열 번째 왕 선왕은 발해 주위의 적들을 물리치고 땅을 넓혔어요. 그 결과 발해 역사에서 가장 넓은 영토를 확보했어요. 선왕 이후 중국 사람들은 발해를 바다 동쪽의 번성한 나라, 즉 '해동성국'이라고 불렀어요. 왼쪽 아래 지도를 보면 발해는 북한은 물론 중국과 러시아까지 뻗어 있었어요. 이렇게 넓은 땅을 잘 다스리고 외국으로 다닐 수 있도록 여섯 개의 큰 길을 냈어요. 발해는 이 길을 통해 힘센 나라로 성장했어요. 남쪽에 통일된 신라가 있어서 이때를 '남북국 시대'라고 불러요.

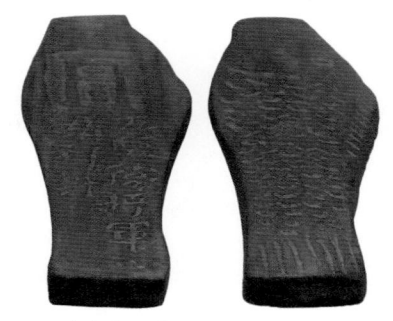

발해 장군 섭리계의 청동 부절

위 사진에서 물고기 모양 장난감처럼 생긴 것은 무엇일까요? 왕의 명령을 전하는 신표로, 두 쪽을 하나로 합쳐서 왕의 말을 전하는 사람이 맞다는 것을 증명하는 신분증 같은 거예요. 이 신표의 주인은 섭리계라는 발해의 장군으로, 말갈 사람이었어요.

이렇듯 발해는 고구려 사람들과 말갈 사람들이 함께 있는, 우리 역사에서는 보기 드문 다민족 국가였어요. 중국에서는 이 점을 마음대로 왜곡해 발해가 중국의 역사라고 주장해요. 정효 공주 무덤의 안내판에 이렇게 쓰여 있다고 해요.

"발해는 당나라 때 속말갈인이 기원 후 698년~926년 기간에 우리나라 동북과 소련 연해 지방에 세웠던 지방 정권이다."

여기서 우리나라는 중국을 말해요.

그렇지만 발해가 고구려를 계승했다고 스스로 밝혔고 고구려 사람들이 말갈 사람들과 함께 세우고 운영했다는 점에서 우리 역사예요. 그런데 만약 말갈 사람들이 세운 나라가 지금까지 있었다면 발해를 어느 나라 역사라고 말했을까요?

**2부**

# 고려 시대

14 벌거벗은 사람은 누굴까? – 왕건 동상
15 그림 속 사람들은 무슨 이야기를 들려줄까? – 척경입비도
16 인생 역전은 가능했을까? – 아집도 대련
17 많이많이 태어나라 – 청자 상감동화포도동자문 조롱박모양 주전자와 받침
18 전쟁 중에 왜 팔만대장경을 만들었을까? – 팔만대장경
19 고려 불화에는 어떤 비밀이 있을까? – 아미타 삼존도
20 두 사람 사이에는 어떤 일이 있었을까? – 공민왕 사당

# 벌거벗은 사람은 누굴까?

가지런히 두 손을 모은 채 단정하게 앉은 사람이 있어요. 벌거벗은 옛날 동상은 처음이라 그런지 좀 낯설죠. 자기 몸매를 자랑하는 듯한 이 사람은 누구일까요?

사진 속에 단서가 있어요. 머리에 쓴 관을 볼까요? 정면에는 오각형 문양이 있고 옆으로 물결치는 문양이 이어져요. 양 옆으로 뿔 같은 비녀가 튀어나왔어요. 관 위에는 많은 줄이 곡선을 그리며 넘어가요. 독특하게 생긴 이 관을 '통천관'이라고 해요. 통천관은 왕만 쓸 수 있었어요. 그렇다면 이 사람은 왕이로군요.

그런데 어떤 왕일까요? 이 동상은 현릉이라는 무덤에서 발견되었어요. 현릉은 고려를 건국한 태조 왕건의 무덤이에요. 그렇다면 이 동상은 다름 아닌 태조 왕건이겠죠? 고려 시대에 왕들은 이 상을 경건하게 모시고 제사를 지냈다고 해요.

**그런데 태조 왕건 동상은 왜 벌거벗고 있는 걸까요?**
**이 동상에 무슨 일이 있었던 걸까요?**

태조 왕건의 청동상

## 왜 이 동상을 만들었을까

왕건 동상을 보면 궁금한 점이 막 생겨요. 먼저 왜 옷을 입고 있지 않을까 하는 점이에요. 지금은 옷을 입고 있지 않지만, 발견 당시 동상 곳곳에서 썩은 비단 천 조각이 발견되었어요. 아마도 땅속에서 오랜 시간 지나면서 대부분 썩어 없어진 거죠. 옷뿐만 아니라 허리띠도 같이 발견되었어요. 그리고 잘 보이지 않지만 원래 얼굴이나 피부에는 색칠한 흔적이 남아 있어요. 머리에 쓴 통천관 역시 금으로 칠했었대요. 이렇게 벌거벗은 모습으로 상을 만들고 그 위에 옷을 입히는 건 고구려가 동상을 만들던 방식을 따랐기 때문이라고 해요.

이 동상에서 가장 신경을 쓴 부분은 어디일까요? 바로 얼굴이에요. 힘차면서도 인자하고 건강한 아저씨 같죠. 왕건은 예순일곱 살에 죽었지만, 할아버지가 아니라 젊은 모습으로 표현했어요. 한 나라를 세운 인물답게 힘차고 당당한 느낌을 주기 위해 이렇게 한 것은 아니었을까요?

동상을 자세히 보면 특이하게 표현한 부분이 눈에 뜨여요. 귀는 길게, 눈두덩은 분명하

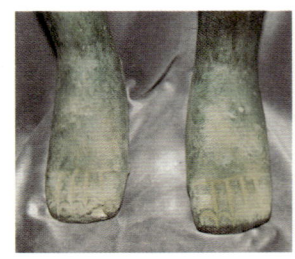 

긴 귀와 동그랗고 분명한 눈두덩, 가늘고 긴 발가락과 평평한 발바닥으로 보아 불상처럼 만들었다는 것을 알 수 있어요.

고 둥글게, 발바닥은 평평하게 만들었어요. 왕건이 이렇게 생겼었을 수도 있지만, 이렇게 신체를 표현하는 것은 부처님을 만들 때 하는 방식이에요. 사람이지만 부처님처럼 만들려 했다는 걸 짐작할 수 있어요. 부처님 버금가는 존재라는 뜻이죠.

그럼 고려의 왕들은 이 동상을 어떻게 대했을까요? 왕건이 죽자 951년에 이 상을 만들고, 봉은사에 모셔 왕의 명복을 빌었어요. 그 뒤 고려 왕들은 매년 연등회를 시작할 때나 왕건의 제삿날에 맞춰 이 상에 제사를 지냈어요. 또한 나라에 중요한 일이 생겼을 때도 찾아가 점을 쳤어요. 전쟁과 같은 큰일이 일어났을 때에는 위험을 무릅쓰고 안전한 곳으로 이 상을 옮겼고요.

이처럼 왕들이 소중하게 여기던 왕건 동상이 어떻게 땅속으로 들어가게 된 것일까요? 고려를 무너뜨리고 조선을 건국한 태조 이성계는 송악(개성)에 있던 왕건 동상을 경기도의 작은 절로 옮겼어요. 고려를 상징하는 이 상을 그대로 놔둘 수는 없었겠죠. 세종 때에는 죽은 사람의 이름을 써 놓은 위패에 제사를 지내게 되면서 이 동상을 왕건 무덤인 현릉 봉분 북쪽에 묻었어요. 그러다가 1992년, 공사를 하다 우연히 발견되어 세상 밖으로 나온 것이랍니다.

개성에 있는 왕건 무덤인 현릉

## 왕건은 어떤 나라를 만들려고 했을까

합천 해인사 길상탑

왕건은 신라 말이던 877년, 지금의 개성인 송악에서 태어났어요. 그 당시 나라는 무척 혼란스러웠어요. 해인사 길상탑 안에 있던 검은 돌판 길상탑지에는 이런 기록이 전해요.

"천지가 온통 난리로 어지러워 들판이 전쟁터가 되니 사람들은 방향을 잃고 행동이 짐승과 같았다. 나라가 기울어질 듯하고 재앙이 절에까지 이르니……."

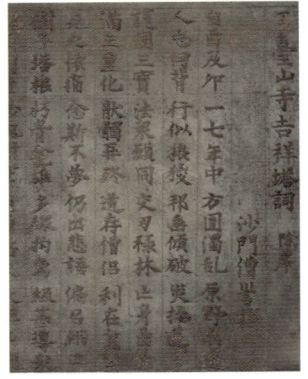

길상탑을 세운 까닭을 써 놓은 길상탑지예요.

그리고 굶주린 농민들이 먹을 것을 찾아 해인사를 공격해 승려들과 싸웠고, 이때 죽은 승려들의 넋을 위로하기 위해 탑을 만들었다는 내용이 이어져요. 이 당시는 농사를 지어야 할 농민이 도둑이 되어 절을 공격하고, 자비를 베풀어야 할 승려들은 목숨을 걸고 그들을 막아야 하는 세상이었던 거죠.

어떻게 이런 일이 일어났을까요? 신라의 정치를 이끌던 귀족들은 왕의 자리를 둘러싸고 싸우는 데 정신이 없었고, 백성의 어려움에는 아무런 관심이 없었어요. 게다가 가뭄 같은 자연재해가 연이어 일어나 백성들은 먹고살기가 더 힘들어졌지만, 나라에서는 사정을 봐주지 않고 세금을 더 내라고 재촉을 했어요. 궁지에 몰린 백성들은 반란을 일으키거나 도둑이 되어야 했어요.

이 틈을 타 전국 곳곳에서 신라 정부의 간섭을 받지 않고 군사력을 키운 사람들, 즉 호족이 나타났어요. 호족들끼리 서로 싸우거나 힘을 합쳐 견훤은 지금의 전주인 완산주에서 후백제를, 궁예는 송악(나중에 철원으로 수도를 옮김)에 후고구려를 세웠어요. 이때를 후삼국 시대라고 불러요.

　918년 궁예를 몰아내고 고려를 연 왕건은 혼란을 끝내기 위해서는 백성들의 마음을 얻는 일이 중요하다고 판단했어요. 일정 기간 세금을 받지 않았고, 백성들을 강제로 공사에 동원하지 않았어요. 또 호족들을 고려 편으로 만들기 위해 가능한 한 전투를 피하고 상대방을 높이고 자신을 낮추었어요. 자신은 호족의 딸들과 거듭해서 결혼해 친척으로 만들었고요. 이런 정책들은 성과를 거두어 935년 신라가 항복하고 이듬해에는 최대의 경쟁자 후백제마저 항복해 후삼국 시대는 막을 내렸어요.

　왕건은 어떤 고려를 꿈꾸었을까요? 후백제가 마지막으로 항복한 곳 근처에 세워진 개태사에는 거대한 솥이 전해요. 수많은 사람의 끼니를 해결해 주던 이 솥처럼 세 나라 사람들이 힘을 합치고 백성들이 넉넉하게 먹을 수 있는 세상을 꿈꾸지 않았을까요?

개태사에 있는 철확으로, 한 번에 천 명 분의 밥을 지을 수 있었다고 해요.

# 그림 속 사람들이 무슨 이야기를 들려줄까?

15 - 척경입비도

"영차, 영차!"

앞에서는 젖 먹던 힘까지 쏟아가며 줄을 잡아당기고 뒤에서는 밀고 있어요. 군인들 자세로 보아 비석을 힘들여 세우는 것 같아요. 무슨 비석이기에 세우는 장면을 그림으로 그렸을까요? 가만히 비석을 보니까 커다란 한자가 쓰여 있어요.

'고려지경(高麗之境)'

'고려'는 나라 이름이고, 끝 글자인 '경'은 땅 또는 국경이라는 뜻이에요. 그러니까 고려 땅이라는 말이네요. 다시 말하면 비석을 세워 이제부터 여기는 고려의 땅이라는 표시를 하는 중이로군요.

그림 속 절벽과 산을 보니 이곳은 무척 깊고 험한 곳이에요. 군인들이 이 장면을 지켜보면서 그동안 겪은 힘들고 어려웠던 일들이 눈앞을 스쳐 지나가지 않았을까요?

**이제 그림 속으로 들어가 군인들이 왜 비석을 세우고 있는지 알아볼까요?**

《북관유적도첩》에 실린 〈척경입비도〉

## 왜 여진족을 공격했을까

윤관 장군

먼저 천막 안에 혼자 앉아 있는 사람에게 말을 걸어 볼까요? 덩치도 크고 갑옷도 번쩍번쩍한 것을 보니 이 사람이 대장 같아요.

"당신은 누구인가요?"

"난 고려의 장군 윤관일세. 부하들이 비석을 세우는 모습을 보니 뿌듯하네."

"저 비석을 왜 세우는 건가요?"

"우리나라(고려) 북쪽 너머에 살던 여진족이 엄청난 속도로 세력을 확장하더니 어느새 우리나라를 위협할 정도가 되었지. 이래서는 안 되겠다 싶어 1104년에 여진족과 싸웠는데, 그만 지고 말았네. 그들의 힘에 화들짝 놀라 왕께 아뢰어 별무반이라는 특수 부대를 만들고 엄하게 훈련을 시켰다네."

"그다음에는요?"

"이제 여진족을 상대할 만하다 싶어 1107년, 나 윤관이 최고 지휘관이 되어 17만 명의 대군을 이끌고 동북쪽에 있는 여진족을 공격했지. 병사들이 잘 싸워 준 덕에 9개의 성을 새로 쌓아 영토를 넓힐 수 있었다네. 이게 바로 동북 9성이지. 이제 더 북쪽에 있는 힘센 여진족을 견제할 수 있게 되었네. 이 일을 그냥 넘길 수 없어 비를 세워 기념하는 거라네."

별무반 군인

"성을 쌓고 기념비만 세웠나요?"

"아닐세. 우리 땅으로 만들려면 사람이 살아야지. 그래서 우리나라 백성들을 이곳으로 옮겨 와 살도록 했지."

"아하, 그렇군요. 다음은 다른 군인들의 말을 들어 보죠. 당신들은 누구인가요?"

"우리는 별무반입니다. 여진족을 상대하기 위해 만든 특수한 군대죠."

"별무반은 어떻게 구성되어 있나요?"

"여진족은 주로 말을 타고 싸웁니다. 그래서 윤관 장군이 우리 군에도 말을 잘 타는 기병이 있어야 한다고 주장해, 말을 가진 사람을 기병으로 뽑았습니다. 그들을 신기군이라고 부릅니다. 그리고 걸어 다니는 보병인 신보군, 승려들로 이루어진 항마군이 있습니다. 귀족부터 노비까지 다양한 사람들로 이루어져 있습니다."

"별무반에서는 어떤 훈련을 했죠?"

"말을 타고 싸우는 훈련부터 불로 적을 공격하는 훈련, 심지어 돌팔매질을 하는 훈련까지 했습니다."

"준비를 많이 했네요."

비석을 세우는 별무반 군인

## 비석을 계속 기억하는 이유

윤관이 새로 쌓은 동북 9성은 어떤 운명을 맞았을까요? 땅을 빼앗긴 여진족은 이 지역을 줄기차게 공격했고, 고려군 역시 힘을 다해 싸웠지만 익숙하지 않은 지형과 물자 부족으로 점차 어려움에 처했어요. 고려 조정에서 이곳을 어떻게 해야 할지 논의할 즈음, 여진족이 이곳을 돌려주면 고려에 충성하겠다는 다짐을 했어요. 결국 1109년, 고려는 9성을 허물고 이 지역을 다시 여진족에게 내주었어요. 윤관 장군에게는 패전의 책임을 물어 관직과 공신 칭호를 빼앗았어요.

사실 여진족은 만만한 세력이 아니었어요. 고려와 싸움을 끝낸 뒤 금나라를 세우고, 오랫동안 자신들을 괴롭히던 거란족의 나라인 요나라를 멸망시켰어요. 마침내 중국 본토의 송나라까지 무너뜨렸죠. 부모의 나라로 섬기던 고려에게는 거꾸로 왕과 신하의 관계를 요구했어요.

▲〈문희귀환도〉속 여진족 모습으로, 말을 타는 모습이 무척이나 자연스러워요.
▶ 1156년경 중국 금나라(여진족) 사람들이 세운 비석인 경원 여진자비예요.

《해동지도》에 실린 〈조선 여진 분계도〉로, 조선의 북쪽과 맞닿아 있는 여진과의 접경 지역을 그린 지도예요.

윤관 장군 이후 조선 초기, 다시 이 비석에 관심을 가졌어요. 세종은 두만강 부근으로 김종서 장군을 보내 여진족을 밀어내고 조선 백성들이 살도록 했어요. 그리고 윤관 장군이 세운 비석을 찾으라고 했어요. 고려 때의 일을 잘 알고 있었던 거예요. 이런 노력 덕분이었는지「세종실록」지리지에 이런 기록이 전해요. "비석의 네 면은 고의적으로 깎여 나갔지만, 땅속에 있던 아랫부분에 '고려지경(高麗之境)' 네 글자가 있었다."

조선 후기에도 이 비석은 또다시 주목을 받았어요. 당시 백두산과 두만강 일대에 대한 관심이 높아지면서 지도에 비석을 세운 곳으로 알려진 '선춘령(先春嶺)'과 '고려경(高麗境)'을 같이 적기도 하고, 때로는 비석도 그려 넣었어요. 위에 나온 〈조선 여진 분계도〉에서 동그라미 안쪽을 보면 백두산 오른쪽 두만강 위쪽에서 이 글자를 찾을 수 있어요. 당시 사람들은 이 글자를 통해 무엇을 말하고 싶었을까요?

동북 9성 외에도 지금 우리나라의 국경을 이루고 있는 땅 하나하나마다에는 그 땅을 둘러싸고 벌어진 많은 사람들의 사연이 깃들어 있답니다.

## 인생 역전은 가능했을까?

집이 엄청 커요. 집주인이 큰 부자인가 봐요.

공원에서 책도 읽고 산책도 하는 것 같아요.

아이들이 어른들 시중도 들고 화분도 돌보고 있어요.

왼쪽은 어떤 집 안의 풍경을 그린 그림이에요. 뜰도 엄청 넓고 지붕의 금빛 장식과 화려한 단청 무늬로 보아 집주인은 꽤나 잘사는 사람이겠죠. 책상 주위에 여러 사람들이 모여 있는 곳을 보니 어른들은 모자를 쓰고 번듯한 옷을 입고 있어요. 책을 읽던 어른들은 부채에 글씨를 쓰는 젊은 청년에 눈길을 보내고 있네요. 그 옆에는 한 아이가 먹을 갈고 있고, 다른 아이는 책을 들고 있어요. 책상 아래쪽에도 한 아이가 화분을 돌보고 있어요.

그림 왼쪽에는 붉은 옷을 입은 사람이 생각에 잠긴 듯 서 있고, 뒤에는 비서인 듯한 사람이 허리를 굽힌 채 책을 들고 있어요.

이 그림은 고려 시대 귀족들이 이렇게 살았으면 좋겠다는 소망을 담은 〈아집도 대련〉 두 폭 가운데 하나예요. '아집도'는 귀족들이 모여서 즐겁게 노는 것을 그린 그림이라는 뜻이죠. 중국 그림을 본떠 그렸다고 해요. 멋진 옷을 입고 여가를 즐기는 사람들은 귀족이고, 시중을 들거나 일을 하는 사람들은 노비일 거예요.

**그림 속에 등장하는 사람들은 실제로 어떻게 살았을까요?**

〈아집도 대련〉

## 날 때부터 누구는 귀족이고, 누구는 노비이고

책을 읽거나 시를 쓰는 귀족들 모습이에요.

귀족들이 모여 그림을 감상하고 있어요.

〈아집도 대련〉을 좀 더 자세히 볼까요? 왼쪽 그림에서 책을 읽거나 글씨를 쓰는 사람들은 귀족이에요. 머리에 관을 쓰고, 관리들이 입는 옷을 입고 있어요. 〈아집도 대련〉의 다른 폭 그림에는 오른쪽 그림처럼 그림을 감상하며 이야기를 나누는 장면도 있어요. 이런 여유로운 삶을 누리기 위해서는 무엇보다 부모를 잘 만나야 했어요. 고려 시대에는 부모가 누렸던 권리와 지위가 자식에게 전해졌으니까요. 귀족의 직업은 주로 나라에서 일하는 관리였어요. 관리가 되면 정치를 할 수 있고, 먹고살 수 있는 땅을 받았어요. 관리가 되는 방법으로 '과거 시험'과 아버지가 높은 관리이면 아들이 자동적으로 관리가 될 수 있는 '음서제'가 있었어요.

귀족들 곁에 서서 일을 하거나 그림을 들고 서 있는 아이들, 말을 돌보는 어른들은 어떤 신분이었을까요? 다른 사람이 시키면 시키는 대로 살아야 하는 노비일 거예요. 노비는 관공서, 귀족, 혹은 절에 속한 신분으로, 자유가 없었어요. 사람이라고 하지만 물건처럼 이리저리 팔려 다녔어요. 그래서 주인은 죽이는 것 빼고는 노비를 마음대로 해도 되었어요. 귀족과 반대로 권리는 없고 의무만 잔뜩 있었어요. 노비의 자식도 노비가 되었죠.

고려 시대에 귀족과 천민 외에 어떤 신분의 사람들이 있었을까요? 귀족 아래에 행정을 보는 중간 계층이 있었어요. 붉은 옷을 입은 사람 옆에 비서처럼 서 있던 사람이 그런 신분이었을 거예요. 이들은 직책이 낮은 관리나 궁궐 일을 돌보는 사람, 직업 군인, 지방에서 나랏일을 보던 사람들이었어요. 이들의 신분 역시 자식에게 이어졌어요.

붉은 옷을 입은 귀족과 시중을 드는 하급 관리

고려 시대 가장 많은 부류는 평민이었어요. 평민은 일반 농민인 백정과 상인, 수공업자, 특별 행정 구역인 향·소·부곡 사람으로 이루어졌어요. 이들은 나라의 바탕이 되는 사람들이에요. 먹을 것과 필요한 물품을 생산하고 세금을 내고 군인이 되었어요. 그러나 같은 평민이라도 사는 곳마다 대접이 다르기도 했어요. 특히 향·소·부곡에 사는 사람들은 평민이면서도 천민 같은 대우를 받았죠. '향'과 '부곡'에 사는 사람들은 왕실이나 나라, 절에 속한 땅을 농사지어 줘야 했고, '소'에 사는 사람들은 청자나 종이처럼 나라에 필요한 특산물까지 생산하느라 엄청 일을 많이 해야 했어요. 게다가 이들은 잘못을 저지르면 노비와 같은 형벌을 받았죠.

이 그림 속 사람들은 평등한 대접을 받지 못했어요. 어떤 집안에 태어났는가에 따라 누구는 귀족이 되고, 누구는 노비가 되었죠. 이런 사회를 '신분제 사회'라고 해요. 이런 사회에서 사람들은 신분이라는, 평생 따라다니는 꼬리표를 달고 살아야 했답니다.

## 꼬리표 떼기에 도전한 사람들

신분이 높다는 것은 무엇을 뜻할까요? 그것은 권리는 많고, 의무는 적다는 말과 같아요. 반대로 신분이 낮아질수록 권리는 줄어들고 의무가 늘어나요. 신분이 높은 사람들은 신분 체제가 계속 유지되기를 바라죠. 그래서 법과 사회적 관습으로 신분간의 이동을 통제하려고 해요. 고려 시대에는 관리가 될 수 있는 기회, 사는 곳, 하는 일, 심지어 결혼에 이르기까지 통제 범위가 넓었어요.

관리가 되는 대표적인 방법은 과거 시험을 치는 거예요. 형식적으로는 귀족뿐만 아니라 평민인 백정도 과거 시험을 볼 수 있었어요. 하지만 공부만 해도 시험에 붙을까 말까 한데 농사를 지으면서 공부하는 것은 거의 불가능한 일이었어요. 그나마 백정은 형식적인 기회라도 있었지만 향·소·부곡 사람이나 천민은 시험을 볼 권리조차 없었죠.

청자 투각 용머리 장식 붓꽂이

나전 칠 함

고려 시대 먹 '단산오옥'

고려 칠릉군 문인석으로, 고려 시대 관리의 모습을 볼 수 있어요. 그 옆의 물건들은 귀족들이 사용하던 물건으로, 당시 귀족들의 삶을 엿볼 수 있어요.

그럼 자기 신분을 벗어나고 싶은 사람은 어떻게 했을까요? 아래 사진 속의 낡은 문서에는 원오국사라는 스님이 아버지에게 물려받은 노비를 절에 바친다는 내용이 적혀 있어요. 내가 그 노비였다면 이 문서를 불태우고 싶었을 것 같아요. 이처럼 천대받는 사람들이 신분에서 벗어날 수 있는 방법은 전쟁이 났을 때 엄청난 공을 세우거나, 도망가거나, "이건 아니야!"라며 목숨 걸고 싸우는 것이에요.

목숨 걸고 싸운 사람으로 망이, 망소이 형제를 들 수 있어요. 이 형제는 공주 명학소 사람으로, '소'에 대한 차별에 저항하여 봉기를 일으킨 것으로 보여요. "싸우다 죽을지언정 끝까지 항복하지 않을 것이다."라고 결의를 밝혔죠. 노비 가운데 만적이란 사람은 "왕과 장수와 정승이 따로 정해져 있는 것이 아니다!"라고 외쳤어요. 사람은 태어날 때부터 귀함과 천함이 나뉘지 않는다는 뜻이에요. 여러분이 만약 고려 시대 때 태어났더라면 어떤 삶을 살았을까요?

고려 시대에 그려진 불화인 〈미륵 하생경 변상도〉의 한 부분으로, 일하는 농민들의 모습이 그려져 있어요.

전남 순천 송광사에 보관되어 있는 노비 문서예요.

# 많이많이 태어나라

17 – 청자 상감 동화포도동자문 조롱박 모양 주전자

　왼쪽 사진에 올록볼록 조롱박 모양으로 생긴 청자 주전자가 보여요. 주둥이에서 바닥까지 그림으로 가득 차 있어요. 자세히 보니 머리를 빡빡 민 아이들이 여럿 보여요. 모두 구불구불 이어진 식물 줄기를 잡고 놀고 있어요. 주전자 가운데 그려진 아이는 뭐가 좋은지 빙그레 웃고 있어요. 반면 왼쪽 아이는 뭐가 마음에 들지 않나 봐요. 그러고 보니 두 아이가 줄다리기 하는 것 같기도 해요.

　줄기에는 동글동글한 열매들이 잔뜩 달렸네요. 이건 여름철 과일인 포도예요. 포도 빛깔을 내기 위해 붉은색 물감으로 칠했어요. 그런데 아이들은 줄기를 잡고 곡예를 하듯 놀 뿐 포도를 먹지는 않네요.

　고려 시대나 지금이나 아이들이 가장 좋아하는 건 뭘까요? 바로 노는 거죠. 엄마가 아이들에게 "이제 그만 놀고 집에 들어와!"라고 소리치면 뭐라고 대답했을까요? "조금밖에 못 놀았는데, 집에 가기 싫단 말이야!"라고 대답하지 않았을까요?

**고려 사람들은 왜 주전자에 포도 넝쿨을 잡고
놀고 있는 아이들을 그려 넣었을까요?**

국립 중앙 박물관에 전시된 청자 상감 동화포도동자문 조롱박 모양 주전자와 받침

## 많이많이 태어나라

　보통 포도 한 송이에는 열매들이 주렁주렁 달려요. 포도나무에는 포도송이들이 주렁주렁 열리고요. 조롱박 모양 주전자에 포도와 아이들을 그려 넣은 건 열매가 주렁주렁 열리는 포도처럼 아이들이 많이많이 태어나라는 뜻을 담은 거예요.

　아래 사진은 고려 시대 때 음식을 담아 먹던 청자 대접이에요. 이 대접 안쪽 동그라미 안에 아이들이 보여요. 한 아이가 팔뚝에 새를 올려놓고 조심스레 걸어가고 있어요❶. 다른 아이는 상자를 들고 가고 있어요❷. 상자 안에는 무엇이 들어 있을까요? 잠자리, 매미, 메뚜기, 방아깨비 같은 곤충이지 않을까요? 세 번째 아이도 한 손에는 연꽃을, 다른 손에는 연잎을 쥐었어요❸. 이 연꽃은 그냥 예뻐서 그려넣은 게 아니에요. 진흙에서 피는 연꽃에는 생명의 탄생이라는 의미가 담겨 있

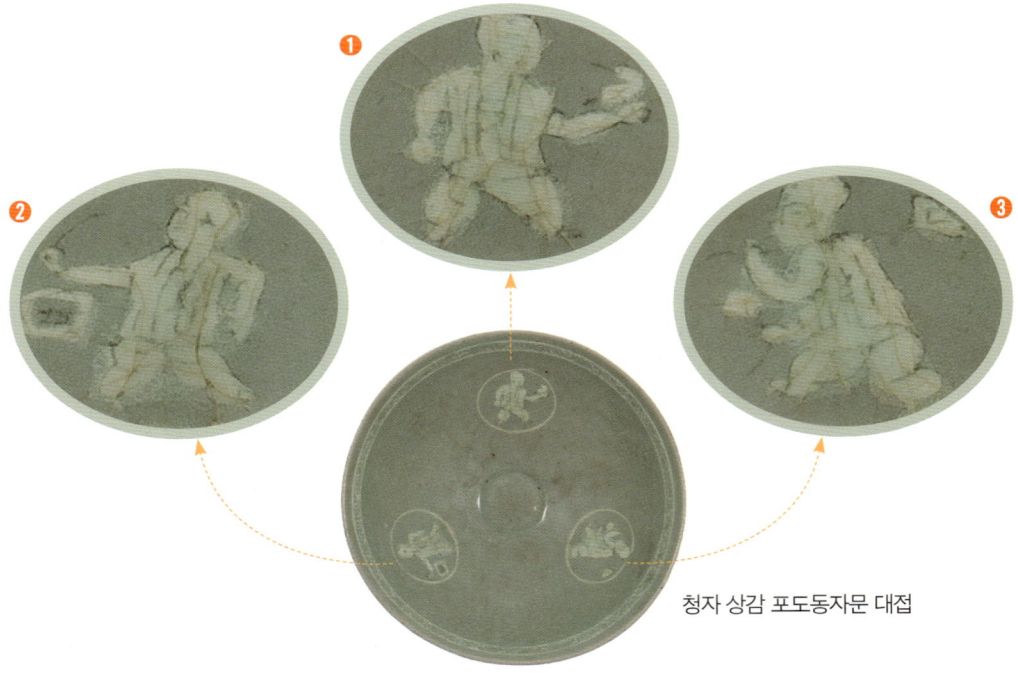

청자 상감 포도동자문 대접

거든요. 또 꽃이 지고 나면 씨앗을 많이 맺는 연꽃처럼 아이들이 많이 태어나라는 소망도 담겼던 거죠.

옆 사진에 있는 불경을 넣어 두던 작은 상자에도 그림이 잔뜩 새겨져 있어요. 상자 뚜껑에는 연꽃이 핀 연못에서 머리를 양쪽으로 묶은 아이가 연잎 위에 다리를 올린 채 "영차!" 하고 연꽃 줄기를 잡아당기고 있어요. 아랫부분에는 아이 두 명이 양손으로 연꽃을 잡고 있어요. 아이들이 연잎을 밟고 있는 무늬 아래에는 원앙새 두 마리

금동 타출 연꽃당초동자문 불경 상자

가 얼굴을 마주보며 사이좋게 놀고 있어요. 원앙새는 예로부터 사이좋은 부부를 뜻해요. 그림으로 미루어 보아 이 상자에는 부부가 아이를 낳고 행복하게 잘 살기를 바라는 마음이 들어 있어요.

옛날에는 왜 이렇게 아이가 많이 태어나기를 바랐을까요? 당시에는 의술이 발달하지 않은 데다, 영양 상태도 좋지 않아 아이가 어렸을 때 많이 죽었어요. 돌잔치는 태어난 아이가 죽음의 고비를 넘기고 잘 자란 것을 축하하는 행사였죠. 또 옛날에는 대부분 농사를 지으며 살았는데 농사를 잘 짓기 위해서는 사람이 많이 필요했기 때문이에요.

그런데 이상한 점이 있어요. 아이들이 대부분 남자아이처럼 보여요. 여자아이는 왜 없을까요? 옛날에는 집안에 남자아이가 태어나는 것을 무척 좋아했어요. 그때는 남자 덕분에 집안이 이어지고, 남자가 있어야 집안이 번성한다고 믿었죠. 여자아이만 낳은 엄마의 마음은 어땠을까요?

## 늘 아이가 많이 태어나기를 바랐을까

어느 시대나 아이가 많이 태어나기를 바랐을까요? 아래 포스터들을 볼까요? 첫 번째는 "둘만 낳아 잘 기르자."라는 1970년대 가족계획 포스터예요. 당시 의료 기술이 발달하면서 아이가 어릴 때 죽을 확률이 낮아졌고, 도시로 사람들이 모여들면서 심각한 인구 문제가 생겼어요. 그러니 가족계획을 세워 아이를 둘만 낳으라고 했어요. 가운데 포스터는 1980년대 것으로, "둘도 많다!"라고 하네요. 인구 증가를 막기 위한 노력은 더욱 치열해져서 아이를 하나만 낳으라고 바뀌었어요.

1970년대

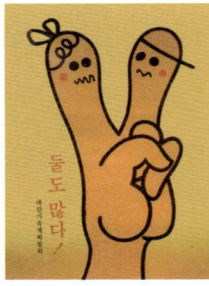
1980년대

2000년대

마지막 사진은 2000년대에 만들어진 포스터예요. 둘도 많다더니 갑자기 아이를 하나 더 낳으라고 해요. 성장을 거듭하던 우리나라는 1990년대 후반에 IMF(아이엠에프)라는 큰 경제 위기를 겪었어요. 그 충격 때문에 사회 분위기가 아이를 하나만 낳아 잘 기르겠다는 분위기로 바뀌었고, 아예 낳지 않겠다는 사람도 늘어났죠. 아이를 기르는 데 드는 돈이 크게 늘어난 것도 이런 분위기를 더욱 부추겼어요.

출산율을 높이려는 다양한 대책에도 우리나라는 한 부부가 평균 1.3명의 아이를 낳고 있어요. 세계에서 가장 낮죠. 이 문제를 해결하려면 어떻게 해야 할까요?

# 아이를 좋아한 화가 이중섭

〈애들과 물고기와 게〉

맨 앞에 소개한 포도 넝쿨 사이에서 아이들이 노는 그림이 그려진 조롱박 모양 청자 주전자는 많은 사람들이 좋아하는 작품이에요. 소 그림으로 잘 알려진 화가 '이중섭' 역시 이 작품을 무척 좋아했다고 해요. 그래서인지 이중섭의 그림에는 아이들이 자주 등장해요.

위 그림을 볼까요? 아이들이 게와 물고기와 함께 놀고 있어요. 어디선가 본 듯하죠? 아이들 모습이 조롱박 모양 청자 주전자와 비슷하죠. 포도는 게와 물고기로 바뀌고 포도 넝쿨은 줄로 바뀌었지만, 웃음 짓게 만드는 아이들의 밝은 얼굴은 여전해요.

이중섭이 아이 그림을 무척 좋아한 것은 이중섭의 삶 때문이기도 해요. 이중섭은 한국 전쟁이 일어나자 가족과 함께 제주도로 피난을 갔어요. 그런데 먹고살 길이 없었던 이중섭은 어쩔 수 없이 아내와 아이들을 아내의 고향인 일본으로 보냈어요. 아이들을 보내고 난 뒤 이중섭은 얼마나 아이들이 보고 싶었겠어요. 이중섭은 그 그리움을 아이들 그림으로 나타냈다고 해요. 아이 그림을 보고 있으면 저절로 웃음이 나고 마음이 맑아지고 잠시나마 근심 걱정을 잊을 수 있죠. 아마 고려 사람들도 청자에 그려진 아이를 보면서 그런 느낌을 받지 않았을까요?

# 전쟁 중에 왜 팔만대장경을 만들었을까?

검은 책들이 잔뜩 꽂힌 여기는 어디일까요? 책처럼 보이지만 사실 스님이 들고 있는 것은 긴 나무판이에요. 얼핏 검정 철판처럼 보이는데, 사실은 나무로 만들어졌어요. 만약 쇠판이라면 무거워서 저렇게 들고 있기 힘들 거예요.

자세히 보니 나무판에는 세로로 글씨가 새겨져 있어요. 그러니까 이 판은 먹을 바르고 종이로 눌러 인쇄를 할 때 쓰는 인쇄용 나무판이에요. 스님이 들고 있는 걸 보니까 불교 경전 즉 불경이겠죠. 불경이 새겨진 나무판을 '경판'이라고 불러요.

이번에는 경판이 꽂힌 곳을 볼까요? 마치 커다란 도서관 같아요. 한 층마다 두 줄씩 모두 열두 줄로 꽂혀 있어요. 모두 몇 장이나 있을까요? 보관되어 있는 걸 모두 헤아려 보니 무려 8만여 장이라고 해요. 이쯤 되면 뭔가 떠오르죠.

"팔만대장경!"

맞아요. 고려대장경이라고 부르기도 하는데, 흔히 팔만대장경으로 널리 알려졌어요. 경판의 수가 8만 장이 넘는다고 해서, 또 부처님이 말씀하신 8만 4천 법문이 들어 있다고 해서 팔만이라는 이름이 붙었고, 중요한 불경은 모두 있다고 해서 대장경이라고 해요.

**경판을 인쇄를 하면 뭐가 찍혀 나올까요?**
**그리고 왜 이렇게 많이 만들었을까요?**

합천 해인사 장경판전에 보관 중인 팔만대장경(국보 32호)

## 팔만대장경을 읽어 보자

경판에 먹을 묻혀 종이에 대고 누르면 아래 사진 ❶처럼 인쇄되어 나와요. 옛날 책은 오른쪽에서 왼쪽으로, 위에서 아래로 읽어요. 가장 오른쪽에 '방광반야권제이십(放光般若卷第二十) 제이십칠장(第二十七張)' ❷이라고 쓰여 있어요. '방광반야바라밀경'이라는 불경의 스무 번째 권 27쪽이라는 뜻이에요. 아래에 있는 중(重)❸은 분류 표시예요. 8만 장이 넘는 경판을 효율적으로 정리하고 찾기 위해 경전을 내용에 따라 여러 묶음으로 나눈 뒤, 천자문 순서로 묶음에 이름을 붙였어요. 가장 아래 있는 충서(冲叙)❹는 목판을 새긴 사람 이름으로 보여요.

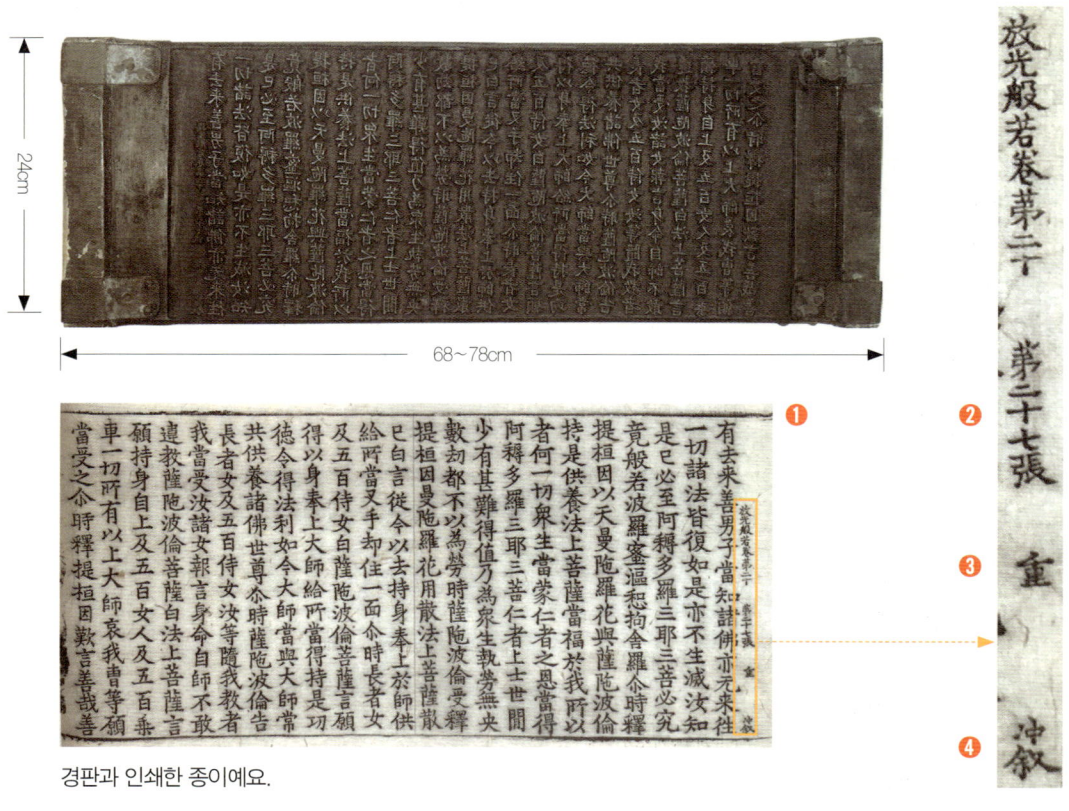

경판과 인쇄한 종이예요.

그다음 줄부터는 경전의 내용이 시작되죠. 한 장은 23행, 한 행은 14자로 이루어졌어요. 경판에 새겨진 글자를 모두 합하면 5천 2백만 자나 돼죠.

팔만대장경을 보면 전체가 마치 한 사람이 쓴 듯 글씨체가 일정하고 반듯해요. 그래서 한 글자 한 글자 새길 때마다 합장을 했다는 이야기까지 전해지고 있지요. 이렇게 낱장으로 종이를 인쇄한 뒤 죽 이어 붙이면 두루마리로 된 책이 탄생하죠.

팔만대장경에는 어떤 내용이 들어 있을까요? 부처님의 말씀, 불교에서 지켜야 할 규칙, 그리고 이것을 연구하고 해석한 글이 있어요. 팔만대장경은 중요한 불교 경전을 빠짐없이 담았다고 해요.

이렇게 어마어마한 양의 경판을 만드는 건 상상을 뛰어 넘는 일이었어요. 경판을 만드는 데 나무가 1만 그루에서 1만 5천 그루 사용되었고, 글자를 새기는 사람만 하루에 3백 명에서 1천 명이 동원되었다고 해요.

그러나 그게 다가 아니었어요. 산에서 나무를 잘라 튼튼한 나무판을 만드는 일, 경전을 종이에 쓰는 일, 나무판에 종이를 붙이고 글자를 새기는 일 등 수많은 공정이 필요했어요. 경판을 새기는 데 걸린 시간은 12년, 준비부터 따진다면 무려 16년이라는 시간이 걸렸어요. 만드는 데 드는 엄청난 비용은 당시 고려를 좌지우지하던 무신 집안인 최씨 일가가 많이 댔죠.

그리고 이 일을 담당할 특별 관청으로 대장도감을 만들었어요. 새로 만들 대장경은 어떤 책을 바탕으로 해야 할지, 바탕이 된 책에 잘못된 부분은 없는지 살펴 보는 일은 '수기'라는 스님이 도맡았죠.

세계적 문화유산인 팔만대장경은 이렇게 많은 사람들의 노력으로 탄생한 것이랍니다.

## 왜 팔만대장경을 만들었을까

엄청난 비용과 노력이 들어가는 팔만대장경을 왜 만들었을까요? 이야기는 칭기즈 칸부터 시작해요. 칭기즈 칸은 몽골을 세우고 주위 나라를 공격해서 영토를 넓혔어요. 칭기즈 칸의 후손들도 끊임없이 고려에 쳐들어왔어요. 몽골군의 거센 공격을 받자 당시 군인 출신 관리인 무신들이 나라를 좌지우지하고 있었는데도 고려 조정은 백성들의 반대를 무릅쓰고 도읍을 개경(개성)에서 강화도로 옮겼어요. 초원에만 살던 몽골군이 바다를 두려워한다는 것을 안 것이죠.

자기들만 살겠다고 도읍을 옮기고 백성들에게는 알아서 싸우라는 왕과 조정 대신들을 백성들은 어떻게 생각했을까요? 무신 정권은 '몽골군도 물리쳐야 하고 불만이 가득한 백성들 마음도 달래야 하는데 뭐 좋은 방법이 없을까?'라고 고민할 수밖에 없었을 거예요. 이즈음 고려 시대 초, 거란족이 고려를 침입했을 때 만들었던 '초조대장경'이 몽골군에 의해 불타는 일이 생겼어요. 그들은 '다시 대장경을 만들면 되겠다. 돈과 시간과 노력이 많이 들겠지만 이 방법밖에는 없어.'라고 생각한 것 같아요. 불교의 나라인 고려에서 대장경을 만드는 건 성난 백성들의 마음을 누그러뜨리고 마음을 하나로 묶을 수 있는 기막힌 방법이었죠. 고려 사람들은 정성 들여

일본 난젠사에 보관 중인 초조대장경 인쇄본이에요. 고려 현종 때 만들어진 우리나라 최초의 대장경으로, 경판은 몽골의 침입 때 불타고 인쇄본만 전해요.

몽골군과 송나라군 사이의 전투를 그린 그림이에요. 당시 몽골군은 아시아에서 유럽에 이르기까지 거대한 제국을 이뤘고, 끊임없이 고려에 쳐들어왔어요.

대장경을 만들면 부처님이 감동하여 몽골군을 물리쳐 줄 것이라고 굳게 믿었어요.

고려 조정은 팔만대장경을 만드는 일 말고 백성들을 위해 어떤 대책을 세웠을까요? "몽골군이 쳐들어오면 산성이나 섬으로 숨어라."라는 말이 유일한 대책이었어요. 당시 도읍에 있었던 최정예 군인들인 삼별초는 권력을 쥐고 있던 최씨 집안을 보호하느라 몽골군과 맞서 싸운 적이 거의 없었어요. 그러니 국토와 백성들은 당시 세계 최강이었던 몽골군의 말발굽 아래 짓밟혀야 했죠.

이쯤에서 팔만대장경을 다시 생각해 보게 되어요. 팔만대장경이 위대한 문화유산이라는 점은 분명하지만, 나라를 이끄는 지도자들의 무책임한 태도와 그로 인한 백성들의 고통을 헤아려 보면 팔만대장경이 기분 좋게만 다가오지는 않아요. 온 힘을 기울여 대장경을 만들고 있던 그 순간에도, 권력을 가진 사람들이 강화도에서 몸을 사리는 그 순간에도 백성들은 몽골군에게 짓밟히고 있었으니까요. 과연 모두의 힘을 하나로 모아 어려움을 극복할 수 있는 최선의 방법은 무엇이었을까요?

## 어떻게 지금까지 보존될 수 있었을까

　지금까지 팔만대장경은 오랜 세월 동안 몇 차례 전쟁도 거쳤지만 손상되지 않고 잘 전해졌어요. 경판의 보존을 위한 해인사 스님들의 노력과 오래 견딜 수 있는 경판을 만들고 경판의 보존에 적합한 건물을 지은 선조들의 지혜 덕분이죠.

　경판은 잘 썩지 않는 나무를 골라서 만들었어요. 또, 휘거나 썩지 않도록 나무를 경판 크기로 자른 다음 소금물에 삶았다고 하죠. 경판 가장자리에는 휘지 않도록 두꺼운 나무를 덧댔는데 그 덕분에 경판 여러 장을 겹쳐 꽂아 놓아도 틈이 생겨 공기가 흐를 수 있었어요. 경판을 보관하는 장경판전에는 위아래로 크기가 다른 창문을 앞뒤로 냈어요. 목판에 좋지 않은 습한 공기는 적게 들어오고 빨리 나가도록 하는 반면 건조한 공기는 많이 들어오고 오래 머물도록 한 구조였어요.

　유네스코는 자연의 원리를 이용한 효율적인 건물 구조를 높이 평가해 장경판전을 유네스코 세계 문화유산으로 지정했답니다.

유네스코 세계 기록 유산으로 지정된 팔만대장경을 보관하고 있는 건물, 장경판전(국보 52호)이에요.

# 불타 없어질 뻔한 팔만대장경

팔만대장경이 세상에 나온 뒤, 여러 번의 위기를 넘겨야 했어요. 첫 번째 위기는 세종 때였어요. 대장경을 갖는 것이 소원이었던 일본 사람들은 조선에 올 때마다 대장경을 인쇄해 달라고 요구했어요. 계속된 일본의 요구에 세종은 이렇게 생각했죠.

"아예 팔만대장경 경판을 준다면 인쇄해 달라고 귀찮게 요구하지 않겠지."

조선 시대는 유교를 숭상하고 불교를 억압하던 때거든요. 다행히 신하들이 세종의 생각에 반대했어요.

"다음에 더 어마어마한 것을 달라고 하면 어떻게 하실 것이옵니까."

신하들의 생각이 일리가 있다고 생각한 세종은 팔만대장경을 주지 않기로 결정했어요.

1950년 한국 전쟁 때에는 더 큰 위기가 닥쳤어요. 북한군이 산속에 있는 해인사를 근거지로 삼아 전투를 벌였어요. 그러자 우리나라 공군에 해인사를 폭격하라는 명령이 떨어졌어요. 이때 비행기 편대장이던 김영환 대령은 "우리나라 제일의 문화재를 폭격으로 없앨 수 없다."면서 명령을 거부하고 해인사 주변만 공격했어요. 군사법에 따라 죽을 수 있는 상황에서 목숨을 걸고 팔만대장경을 지킨 거예요.

만약 세종 때 일본에 줬다면, 김영환 대령이 명령에 따라 해인사를 폭격했다면 지금 팔만대장경은 어떻게 되었을까요?

김영환 대령과 그가 받은 훈장으로, 해인사 성보 박물관에 보관되어 있어요.

# 고려 불화에는 어떤 비밀이 있을까?

19 – 아미타 삼존도

그림 속 등장인물은 모두 네 명이에요. 멋쟁이처럼 복잡하고 화려한 옷을 입었고 키가 작은 두 분은 목걸이와 귀걸이로 치장을 했어요. 그리고 맨발로 연꽃을 밟고 서 있어요. 빨간 옷을 입은 분은 키가 크고 건장해요. 그 앞에 있는 분은 허리를 숙인 채 손을 내밀고 있고, 손에 동그란 구슬을 든 분은 앞을 보고 있어요. 그런데 나머지 한 사람은 어디 있죠? 그림 왼쪽 아래, 작은 사람이 손을 모으고 기도하고 있네요.

이 그림은 고려 시대에 그려진 불교 그림인 '고려 불화' 가운데 한 점으로, 이름은 〈아미타 삼존도〉예요. '아미타'라는 부처님이 있고, 이 부처님을 포함해 존귀한 분이 셋 즉 '삼존(三尊)'이 있어서 이런 이름이 붙었어요.

**그런데 지금 이 세 분은 무엇을 하는 중일까요?**

〈아미타 삼존도〉(국보 218호)

## 〈아미타 삼존도〉에는 어떤 이야기가 숨어 있을까

이 그림에서 가장 눈에 띄는 분은 키가 큰 아미타불❶이에요. "나무아미타불 관세음보살."이라고 할 때 나오는 바로 그분으로, 깨달음을 얻고 즐거움이 가득한 사후 세상인 '극락세계'를 책임지는 부처님이에요. 그 때문에 죽은 사람들에게는 가장 중요한 존재죠. 허리를 굽힌 채 손을 내밀고 있는 관음보살❷은 사람들에게 무한한 사랑을 베푸는 존재예요. 또 머리를 박박 깎은 지장보살❸은 나쁜 짓을 해서 지옥으로 간 사람을 구원하는 보살이고요.

지금 이 세 분이 짝을 이뤄 무엇을 하고 있는 걸까요? 아미타불의 이마에서 뻗어 나간 빛 끝에 작은 사람이 있어요. 이 사람은 마치 조명을 받고 있는 연극 무대의 주인공 같아요. 사실 이 사람은 죽은 사람으로, 어두운 죽음의 세계에서 구원의 빛을 받는 중이랍니다. 이 빛은 극락으로 가는 길을 안내해요.

그런데 어떻게 극락으로 가죠? 아미타불은 오른손을 내려 두려워하지 말라고 손짓해요. 관음보살은 연꽃 받침대를 받든 두 손을 죽은 이에게 내밀어 타라고 하고 있어요. 그러니까 이 그림에는 죽은 사람이 아미타불의 도움을 받아 극락에 가길 바라는 마음이 깃들어 있어요.

그런데 부처님이나 보살이 있는 그림에서는 보통 사람 그림에서는 찾아보기 힘든 특징이 있어요. '광배'❹라고 하는 머리 주위의 원이에요. 특별한 사람, 깨달은 사람의 머리 뒤에 그려 넣지요. 예수님과 성모 마리아, 성자를 그린 그림에서도 머리 뒤에서 광배를 볼 수 있죠. 여러 종교 그림에서 공통적으로 보여요.

〈아미타 삼존도〉는 그려진 지 무려 7백 년 가까이 되었어요. 그 시간에 비하면 색이 비교적 생생하게 살아 있어요. 그 까닭이 무엇일까요? 고려 불화는 앞면에 색을 칠하기 전에 뒷면에 먼저 색을 칠했어요. 비단 앞뒤에 물감을 칠하는 것이죠. 이렇게 하면 색이 더 선명해지고, 오랜 시간이 지나도 물감이 잘 떨어지지 않는다고 해요. 고려 불화뿐만 아니라 초상화를 그릴 때도 이 방법을 쓰죠.

고려 불화의 진정한 아름다움은 선과 문양에서 잘 드러나요. 얼굴이나 옷 주름을

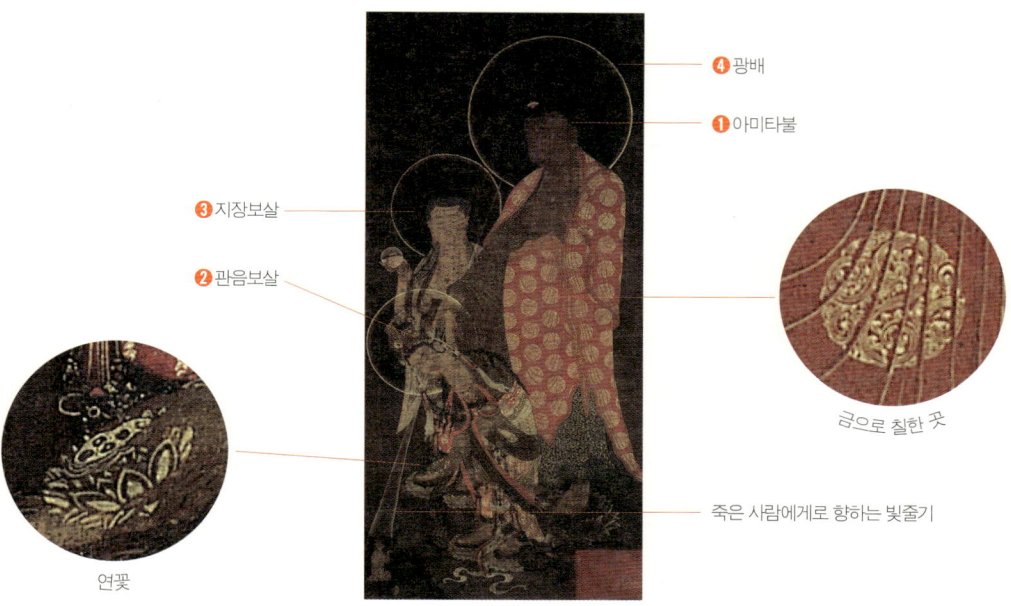

그린 선은 섬세하고 유연하며 흐트러짐이 없어요. 아미타불이 입은 붉은 옷에 그려진 동그란 문양은 아주 정교해요. 이 문양을 그린 노란색의 정체는 금이에요. 고려 사람들은 귀한 금으로 문양을 그릴 만큼 불화를 그리는 데 정성을 기울였어요.

지극한 정성을 다하고 아낌없이 돈을 들여 만들어진 만큼 고려 불화는 고려청자와 더불어 고려를 대표하는 예술 작품이에요. 더 나아가 중국과 일본의 불화와 구별되는 우리나라의 대표적인 세계 문화유산으로 자리 잡았죠.

## 고려 불화의 운명은?

대부분 불교를 믿던 고려 사람들은 불화를 많이 그렸어요. 가까운 사람이 죽었을 때 좋은 세상에 다시 태어나기를 기원하거나 가족의 건강을 기원할 때, 나라에 어려운 일이 생겼을 때에도 불화를 그렸어요.

지금까지 전해지는 고려 불화는 대부분 고려 후기에 만들어졌어요. 아래 그림을 볼까요? 쪽물을 들인 한지에 금으로 그림을 그리고 글씨를 썼어요. 사람이 그렸나 싶을 정도로 무척 정교하죠. 이 작품에서 짐작할 수 있듯이 이 시기에는 불교와 관련된 일에 돈을 많이 들였어요. 그런데 절에서는 돈을 빌려주고 이자를 받는 고리대금업을 하는 등 본래 종교의 모습을 잃어 갔어요. 반면 힘없는 백성들은 권력을 쥔 권문세족이나 절에 토지를 빼앗기고 노비로 전락하곤 했죠.

유교의 한 학파인 성리학을 따르는 신진 사대부들은 불교의 문제점을 알고 있었어요. 이들은 깨달음을 얻고 백성들을 위한다는 본래의 목적을 잃어버린 불교는 바뀌어야 한다고 생각했어요. 조선을 세운 신진 사대부 세력들은 절의 재산을 줄이고 금으로 쓴 경전에서 금을 떼어 내는 등 불교를 강력히 억제하는 정책을 폈어요.

〈감지 금니 대방광불화엄경〉으로, 금으로 그림을 그려 엄청 화려한 느낌이 들어요.

불화가 전시된 곳은 어두워요.

2010년 국립 중앙 박물관에서 열린 고려 불화 특별전의 이름은 '700년 만의 해후'였어요.

여러 우여곡절을 겪었지만 고려 불화는 지금도 그 아름다움으로 전 세계 사람들을 감동시키고 있어요. 하지만 우리가 고려 불화를 직접 보고 감동을 느낄 수 있는 기회는 흔치 않아요. 우리나라 문화유산이지만, 우리나라에 있는 것은 10여 점밖에 없고 대부분 일본에 있기 때문이에요. 고려 불화가 일본으로 간 까닭은 여러 가지예요. 일본이 우리나라를 침입했을 때 빼앗아 갔거나, 달라고 해서 받아갔어요. 그런데 일본 사람들은 고려 불화를 무척 중요한 보물로 여겨 쉽게 공개하지 않아요. 그 때문에 아주 드물게 열리는 전시회에서만 볼 수 있죠. 그러니 고려 불화 전시회가 열리면 꼭 달려가 보세요. 평생 한 번 볼까 말까 하니까요.

한 가지 더! 만약 전시회장에 고려 불화를 보러 간다면 "왜 이렇게 어둡지?" 하는 생각이 들 수도 있어요. 전시장은 원래 좀 어두운데, 특히 고려 불화를 전시한 곳은 더 어두워요. 그림은 빛을 받으면 색이 변해서 밝은 조명을 사용할 수 없거든요. 그러다 보니 그림이 잘 안 보여 고려 불화의 진가를 놓칠 수 있죠. 그러니 꼭 두 눈을 크게 뜨고 감상하세요!

# 두 사람 사이에는 어떤 일이 있었을까?

20 - 공민왕 초상화

이곳은 종묘에 있는 공민왕 신당이에요. 신당에 들어서면 창호지를 바른 작은 문이 나타나요. 그 아래 있는 탁자는 어딘지 보통 탁자와는 달라 보여요. 붉은색이고, 단순하게 생겼어요.

아빠와 딸인 것 같은데요.

아니, 두 사람은 부부예요. 서로 좋아하는 것 같아요.

귀한 그림인가 봐요. 그림 앞에 문을 달아 놓았어요.

남자는 왕이고 여자는 왕비인데, 왕이 왕비한테 화내는 것 같고 왕비는 왜 화를 내냐고 따지는 것 같아요.

벽에 걸린 작은 문을 열면 왼쪽 사진과 같은 그림이 나타나요. 오른쪽에 있는 남자는 납작한 막대기를 들고 여자 쪽으로 몸을 돌렸어요. 왼쪽에 있는 여인은 두 손을 소매에 넣고 남자 쪽으로 몸을 돌렸어요. 남자와 여자가 서로를 향해 있는 모습을 그린 것을 보니 두 사람은 친밀한 사이인 것 같아요.

여자는 우리나라 사람이 아니라 몽골 사람인 노국 대장 공주예요. 남자는 노국 대장 공주의 남편으로, 고려의 왕인 공민왕이죠. 두 사람은 부부였어요. 두 사람의 따뜻한 눈빛을 보니 부부 사이가 좋았던 것 같아요.

**서로 다른 나라 사람인 공민왕과 노국 대장 공주는 어떻게 부부가 되었을까요?**

종묘 공민왕 신당에 걸린 〈공민왕과 노국 대장 공주 초상화〉

## 공민왕과 노국 대장 공주의 사랑 이야기

두 사람이 처음 만난 곳은 고려가 아닌 중국 원나라였어요. 당시 중국은 몽골 사람들이 세운 원나라가 통치하고 있었거든요. 공민왕은 고려의 왕자로, 열두 살 때부터 10년 동안 원나라에서 살았죠. 그러는 사이 몽골의 왕족인 노국 대장 공주와 결혼을 했어요. 왜 고려의 왕자가 머나먼 중국에 머물러야 했고, 몽골 공주와 결혼했을까요?

몽골군은 1231년부터 여섯 차례에 걸쳐 고려를 공격했어요. 고려는 거의 40년 동안 몽골의 공격을 끈질기게 막아 냈지만, 1270년 끝내 굴복하고 말았어요. 그리고 얼마 뒤, 고려의 왕이던 원종은 원나라의 황제 쿠빌라이에게 제안을 했어요. 자기 아들과 쿠빌라이의 딸을 결혼시키자는 것이었죠. 쿠빌라이는 딸이 고려의 왕자와 결혼을 하면 고려가 쉽게 대항하지 못할 뿐만 아니라, 어렵지 않게 고려를 조종할 수 있을 것이라고 판단했어요. 고려의 원종도 원나라에게 사위의 나라로 대우를 받을 수 있는 기회라고 여겼죠.

그 뒤로 왕위를 이을 고려의 왕자는 중국에 머물러야 했고, 몽골의 공주와 결혼을 해야 했어요. 몽골의 공주와 결혼했던 고려의 왕들은 대부분 아내와 사이가 썩 좋지 않았어요. 반면 공민왕 부부는 정치적인 이유로 결혼을 했지만, 사이가 무척 좋았어요. 반란이 일어나 공민왕이 죽을 위험에 처했을 때 노

고려로 시집 온 노국 대장 공주

국 대장 공주는 자신의 목숨을 던져 가며 군사들을 막을 정도였어요. 공민왕이 원나라가 약해진 틈을 타 고려를 간섭하려고 원나라에서 설치한 정동행성이라는 관청을 없애고 원나라에 대항하는 정책을 펼칠 때에도 노국 대장 공주는 남편 공민왕 편을 들었어요.

너무 사이가 좋아서 하늘이 시샘을 한 걸까요? 행복과 불행이 함께 찾아왔어요. 결혼하고 한참이 지나도록 아기를 낳지 못했던 노국 대장 공주가 드디어 아이를 가졌죠. 그런데 아이를 낳다가 그만 죽고 말았어요. 갑작스러운 아내의 죽음에 공민왕은 제정신이 아니었어요. 아내의 무덤을 직접 설계하고 9년 동안 무덤을 만들면서 어찌나 정성을 쏟았는지 백성들의 어려움은 이만저만이 아니었어요. 새로 관리가 임명될 때나 사신으로 갈 때에도 무덤에 가서 인사하라고 시키기까지 했죠.

공민왕은 부인이 죽자 충격을 받아 정치를 소홀히 했어요. 결국 신하에게 죽임을 당한 뒤에야 사랑하는 부인 곁에 누울 수 있었어요. 아래 사진 속 무덤에는 공민왕과 노국 대장 공주가 나란히 잠들어 있어요.

원나라의 간섭에서 벗어나 개혁 정치를 하려 했던 공민왕의 모습이에요.

개성에 있는 공민왕 부부의 무덤이에요. 고려 왕 가운데 부부가 나란히 묻혀 있는 무덤은 이곳뿐이라고 해요.

## 고려 바람, 몽골 바람

몽골과의 전쟁이 끝난 뒤에도 고려의 수난은 계속되었어요. 원나라는 고려 여인을 원나라에 보내라고 명령했어요. 아래 사진에 보이는 돌판에는 어쩔 수 없이 딸을 원나라로 보내고 슬픔으로 병이 나서 죽은 어머니의 삶이 고스란히 기록되어 있어요. 이렇게 원나라로 끌려간 여인들을 '공녀'라고 불러요. 그들은 대부분 궁녀로 일생을 마감했지만, 운이 좋으면 관리의 부인이 되었어요. 고려 여인이 많아지면서 원나라에는 자연스럽게 고려의 옷, 음식, 물건이 유행했어요.

시간이 흐르면서 고려에도 원나라에 머무는 왕을 따라 가거나, 돈을 벌기 위해서, 좋은 일자리를 찾아서, 과거를 보러, 심지어 바둑을 잘 둬 초청을 받는 등 원나라에 가는 사람이 많아졌어요. 이들 가운데 이제현 같은 사람은 새로운 학문인 성리학을 공부해 고려에 전하는 데 큰 역할을 했고, 사신이었던 문익점은 옷감의 재료인 목화를 가지고 왔어요.

원나라 사람들 역시 고려로 왔어요. 하지만 그들은 원나라로 간 고려 사람들과는 처지가 전혀 달랐어요. 고려에 온 몽골 왕비와 관리들은

…… 슬픔이 골수에 사무치고
병들어 죽는 이도 한둘이 아니었으니……

왕족이던 왕온의 처 수령옹주가 외동딸을 공녀로 보내고 그리워하다 죽었다는 내용이 적힌 묘지명이에요.

중국 길림성 박물관에 소장된 〈상마도〉

밀양 박익 벽화묘의 마부 그림

　원나라의 막강한 힘을 배경으로 고려의 정치에 영향력을 끼쳤어요. 이들 외에도 장사를 하기 위해 아랍 사람들이나 인도 사람들이 고려에 왔어요.

　이처럼 고려와 원나라 사이의 교류가 늘면서 몽골에는 고려의 풍습인 고려양이 유행했어요. 고려에는 몽골 왕비를 비롯한 원나라 사람들이 오거나, 원나라에 다녀오는 고려 사람이 늘면서 몽골 바람, 곧 '몽골풍'이 불었죠.

　위 두 사진을 볼까요? 왼쪽은 원나라 그림, 오른쪽은 조선 초기의 무덤에 그려진 벽화예요. 말을 끄는 남자의 모자 모양이 아주 비슷해요. 원래 이 모자는 몽골 사람들이 쓰던 것이었어요. 결혼을 할 때 신부가 쓰는 족두리 역시 몽골의 풍습이고, 만두나 소주 같은 음식도 몽골에서 전해졌어요.

　그 후로 오랫동안 외국인이 우리나라에 살면서 이렇게 문화적인 영향을 끼친 일은 거의 없었어요. 그러다 일제 강점기 때 많은 일본인이 우리나라에 왔죠. 최근에는 일하러 오거나 결혼해 정착한 외국인이 늘어나 인구 백 명 가운데 3명이 외국인이라고 해요. 이제 우리나라에는 어떤 바람이 불까요?

## 3부
# 조선 시대 전기에서 중기까지

21 왕이 제사를 지낸 까닭은? - 종묘 제례
22 조선 사람들은 어떻게 세계 지도를 그렸을까? - 혼일강리역대국도지도
23 고려의 충신 정몽주가 조선의 충신이 된 까닭은? - 오륜행실도
24 왕세자도 입학식을 했다고? - 왕세자 입학도첩
25 세종은 왜 한글을 만들었을까? - 훈민정음
26 세숫대야일까, 솥단지일까? - 앙부일구
27 지폐 속 주인공은 누구일까? - 신사임당
28 전쟁을 그림에 담다 - 동래부 순절도
29 조선 통신사가 일본으로 간 까닭은? - 조선 통신사
30 삼전도비에 왜 낙서를 했을까? - 삼전도비

# 왕이 제사를 지낸 까닭은?

21 종묘 제례

상이 끝도 없이 늘어서 있어요. 잔치를 하고 있나요?

상에 번쩍거리는 그릇과 촛대가 놓여 있어요. 왕이 쓰던 물건인가요?

빨간색 기둥이 늘어서 있는 걸 보니 궁궐 같아요.

기다란 복도에 사람들이 죽 늘어서 있어요. 번쩍거리는 그릇과 촛대가 놓인 상도 셀 수 없을 정도로 많아요. 상 앞에 서 있는 사람들은 모두 똑같은 옷을 입고 있는데, 맨 앞에 보이는 한 사람 옷만 달라요. 구슬이 달린 관을 쓰고 양쪽 팔에 용 그림이 그려진 옷을 입고 있어요. 아마도 이 사람은 왕인 것 같아요. 그런데 분위기가 아주 진지해 보여요. 이곳은 어디이고, 저 많은 사람들은 상을 차려 놓고 무엇을 하고 있는 걸까요?

혹시 설날이나 추석 같은 명절 때 차례를 지낸 적이 있나요? 그래요, 이 사진은 조선 시대 때 왕이 조상들께 지내는 제사인 '종묘 제례'를 오늘날 재현하는 장면이랍니다.

제사를 지내고 있는 곳은 종묘로, 조선 시대 역대 왕들의 신주가 모셔져 있는 곳이에요. 조선 시대 때 나라에서 지내는 제사 가운데 가장 중요하고 규모도 컸어요. 집에서 지내는 제사와 무척 달라요.

**조선 시대에 왕은 왜 이렇게 제사를 지냈을까요?**

인류 무형 문화유산인 '종묘 제례' 재현 장면

궁궐과 달리 땅에 닿을 듯 아래로 내려앉은 지붕과 지붕을 떠받치듯 나란히 늘어선 기둥들은 이곳이 신성한 곳임을 한눈에 보여 줘요.

## 종묘 제례, 유교의 모범을 보이다

위 사진은 종묘 가운데서 가장 중요한 건물인 정전으로, 건물이 굉장히 길고 뜰은 무척 넓어요. 정전의 길이는 무려 101미터, 뜰은 축구장의 두 배가 넘는대요.

긴 건물에 방이 많이 있어요. 누가 살고 있는 걸까요? 아뇨, 종묘 정전의 각 방에는 조선을 세운 태조 이성계부터 마지막 임금인 순종까지 왕의 '신주'가 모셔져 있어요. 조선 1대 왕인 태조가 처음 종묘를 지을 때는 고조할아버지부터 아버지까지 4대 조상의 신주를 모신 다섯 칸짜리 건물이었어요. 그런데 세종 때, 돌아가신 정종의 신주를 모실 공간이 없자 정전 바로 옆에 영녕전을 짓고, 태조 이전 네 분의 신위를 차례대로 모시기 시작했어요. 하지만 이후 새로운 왕들이 계속해서 대를 이으면서 신주를 모실 공간이 계속 부족해져 정전과 영녕전을 여러 차례 늘렸어요. 그래서 지금처럼 정전 19칸, 영녕전 16칸의 규모를 갖게 되었어요.

죽은 사람의 이름을 적어 놓은 나무 패인 신주예요.

조선 시대에는 봄, 여름, 가을, 겨울의 첫 달인 음력 1, 4, 7, 10월과 마지막 달인 12월에 정기적으로 '종묘 제례'를 지냈어요. 나라에 좋은 일이나 나쁜 일이 있을 때, 또 햇과일이나 햇곡식이 나올 때에도 제사를 지냈어요.

혹시 "신주 모시듯 한다."라는 말을 들어 본 적 있나요? 이 말은 전쟁 통에도 가장 먼저 신주를 챙겼던 모습에서 나온 말로, 정성을 다해 귀하게 다룬다는 말이에요.

조선 시대에는 조상에 대한 제사를 왜 이렇게 중요하게 여겼을까요? 조선은 유교를 나라를 다스리는 근본으로 삼았는데, 유교에서 가장 중요하게 여기는 '효'를 실천하는 예(禮)가 바로 제사였기 때문이에요. 다시 말해 부모가 살아 있을 때는 물론이고 죽었을 때도 섬기는 데 정성을 다했던 거예요.

그래서 조선 시대에는 왕이 백성들한테 직접 모범을 보이는 제사 즉 '제례(祭禮)'를 나라의 으뜸 행사로 여겼어요. 이러한 조상 숭배와 예의는 차츰 백성들의 생활 속에도 뿌리내려 지금까지도 중요한 전통이 되었어요.

## 전하, 종묘사직을 지키옵소서!

조선을 세운 태조 이성계는 1394년에 도읍을 한양(서울)으로 옮기고 경복궁을 지은 다음 종묘와 사직을 지었어요. 옛날에는 도읍을 만들 때 도성의 동쪽에 종묘를 짓고, 서쪽에는 사직단을 만들었어요. 궁궐에서 볼 때 종묘가 왼쪽에, 사직단이 오른쪽에 있어서 이를 '좌묘우사'라고 해요. 종묘와 사직은 조선 왕실의 뿌리이자, 나라의 근본이었기 때문에 흔히 '종묘사직'이라고 합쳐 부르면서 조선 왕조의 상징이 되었어요. 또한 왕실뿐 아니라 나라를 일컫는 종묘사직을 지키는 것이 곧 사람이 갖추어야 할 도리로 무척 중요했어요. 그럼 이제 텔레비전 사극에 나오는 "전하, 종묘사직을 지키옵소서!"라는 말뜻을 이해할 수 있겠죠?

요즘은 제사를 지내지 않는 사람들도 많아요. 조상을 기억하는 방식이 변한 거죠. 이렇게 사람마다 조상을 생각하는 모습은 달라졌지만 조상에 대한 마음은 비슷하지 않을까요?

옛날에는 '하늘은 둥글고 땅은 네모지다.'라고 생각해서 사직단을 네모로 만들었어요.

# 세종, 종묘 제례악을 만들다

종묘 제례악 재현 장면

　종묘의 뜰은 왜 저렇게 넓게 만들어 놓았을까요? 종묘 제례가 있는 날에는 이 넓은 뜰이 사람들로 가득 찼어요. 이곳에서 순서에 맞게 노래를 부르고 악기를 연주하는 것은 물론, 무용수가 춤도 췄죠. 이때 연주하는 음악과 노래와 춤을 '종묘 제례악'이라고 해요.

　조선 초기 궁중 음악은 중국 음악과 고려의 전통 음악이 뒤섞여 있었어요. 세종은 종묘 제례 때 중국 음악을 연주하는 것보다 조상들이 듣던 음악을 연주하는 게 이치에 맞다고 여겨 손수 작곡을 하고, 악보까지 만들었어요. 박연에게 모든 음의 기준이 되는 악기, 편경과 편종도 새로 만들게 했죠.

　그런데 엄숙해야 할 제사에서 왜 음악을 연주하고 노래를 부르고 춤을 추었을까요? 조선 시대에는 음악이 편하고 즐거우면 세상을 다스리는 정치도 조화를 이룬다고 하여 사람이 지켜야 하는 예의 못지않게 음악을 중요하게 여겼거든요. 종묘 제례악은 우리나라 음계의 고유한 특성을 잘 살렸다고 인정받아 2001년, 유네스코의 '인류 무형 문화유산'으로 선정되었답니다.

〈혼일강리역대국도지도〉 모사본

# 22 혼일강리역대국도지도

## 조선 사람들은 어떻게 세계 지도를 그렸을까?

어, 우리나라 지도가 큰 거 하나 작은 거 하나 있어요.

빨간 점하고 구불구불한 파란 선 때문에 복잡해 보여요.

왼쪽 그림은 좀 낯설지만 지도예요. 자세히 보면 지도 오른쪽에 한반도가 있어요. 아래쪽에 제주도도 보이네요. 그럼 가운데 커다란 땅덩이는 중국일까요? 그런데 중국에 비해 우리나라가 정말 커 보여요. 지도 사이에는 파란 선들이 복잡하게 얽혀 있고, 빨간 점들이 찍혀 있어요. 도대체 무엇을 나타낸 지도일까요?

먼저 사진 맨 위에 쓰여 있는 한자를 읽어 볼까요? 이름이 좀 길고 멋을 부려 쓴 한자라 읽기 어렵지만 오른쪽 글자부터 차근차근 하나씩 읽어 볼게요. 먼저 '混一(혼일)'은 하나로 어우러졌다는 뜻이고, '疆理(강리)'는 땅을 일컬어요. 그러니까 하나로 어우러진 땅, 곧 세상을 말해요. '歷代國都(역대국도)'는 대대로 이어져 내려온 나라들의 수도를 뜻하죠. 왼쪽 지도에 붉은색 점이 바로 수도를 나타내는 거예요. 요즘 지도에도 붉은색으로 수도를 표시하죠? '지도(之圖)'는 우리가 흔히 말하는 '지도(地圖)'가 아니라 '그림'이라는 뜻이에요. 그러니까 이것은 '세상을 담은 그림', 곧 세계 지도라고 할 수 있어요.

**그런데 유럽과 아프리카, 아메리카는 어디에 있나요?**
**그리고 이 지도는 언제, 왜 만든 걸까요?**

## 조선 사람들, 온 세상을 그림에 담다

〈혼일강리역대국도지도〉는 조선 시대 초인 1402년에 만들어졌어요. 강과 호수는 파란색, 바다는 초록색, 파도는 검은 줄무늬로 화려하게 그려져 있죠.

지도 한가운데 큰 땅덩어리는 얼핏 보면 한반도처럼 보이기도 하지만, 이곳은 중국이에요. 다른 나라에는 붉은색으로 표시한 수도가 하나씩 있는데, 중국에는 붉은색 표시가 많아요. 아주 오랜 옛날부터 중국 땅에 있던 나라의 수도를 표시해 놓았기 때문이에요. 지도 제목 아래 수도 이름을 자세히 써 놓았어요.

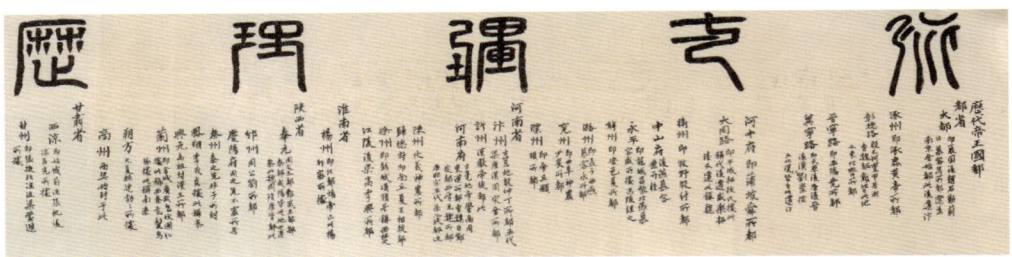

〈혼일강리역대국도지도〉 제목 아랫부분

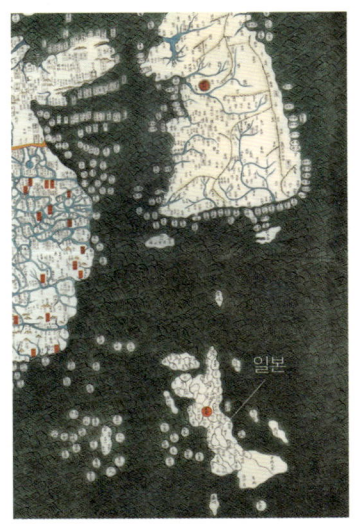

〈혼일강리역대국도지도〉의 중국과 한반도, 일본, 동남아시아 부분

그럼 우리나라는 어디 있을까요? 중국의 동쪽에 있겠죠? 한반도가 보이나요? 가운데 붉은 점은 한양이에요.

그리고 우리나라 아래쪽에 길쭉한 섬은 지금 지도와 비교해 보면 필리핀이 있는 자리인데, 이 지도에서는 일본이랍니다. 시계 반대 방향으로 90도를 돌려 보면 지금과 모양이 아주 비슷해요. 동남아시아의 여러 섬과 해안선은 실제보다 간단히 그렸고, 인도차이나 반도에 있는 여러 나라들은 남쪽 바다에 떠 있는 섬처럼 그렸네요.

이제 지도의 왼쪽 부분을 볼까요? 인도는 중국 옆에 아주 작게 그렸어요. 그리고 아라비아 반도와 함께 백여 개의 지명이 표시된 유럽도 보여요. 또 지도의 맨 왼쪽 끝 아프리카 대륙에는 사하라 사막과 나일 강 같은 지명이 약 35개나 표시되어 있어요.

놀라운 사실은 아프리카 대륙을 진짜 모양처럼 거의 삼각형으로 또렷하게 그

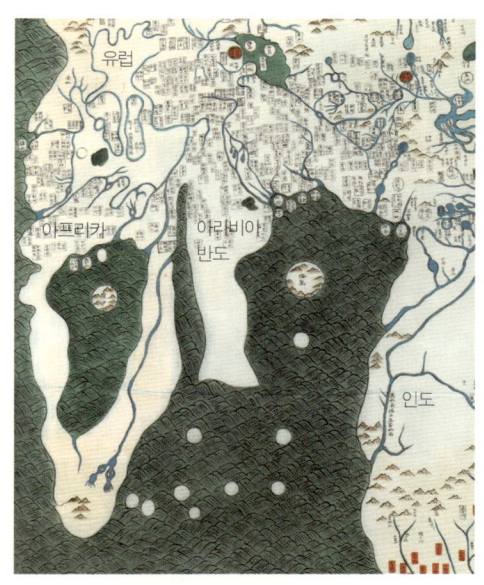

〈혼일강리역대국도지도〉 중 아라비아 반도와 아프리카 부분

렸다는 거예요. 이 지도가 그려진 1402년에는 아프리카 대륙의 남쪽 끝에 있는 희망봉을 본 사람이 거의 없었어요. 그래서 아프리카 대륙이 어떻게 생겼는지 사람들이 잘 몰랐죠. 그런데 아프리카의 반대편, 아시아 동쪽 끝에 있던 나라 조선에서 알고 있었다니, 참 놀랍죠?

어, 빠진 대륙이 있는 것 같다고요? 맞아요, 이 무렵 아메리카 대륙과 오세아니아 대륙은 아직 아시아와 유럽에 알려져 있지 않아서 지도에 들어가지 않았어요.

비록 사실과 엄청 다르게 그려지긴 했지만, 한반도와 중국을 비롯해 일본은 물론 인도, 유럽, 아프리카까지 모두 그려진 세계 지도를 6백여 년 전 조선에서 어떻게 만들었을까요?

## 어떻게 세계 지도를 만들었을까

혹시 사회 시간에 '동네 지도'를 그려 본 적이 있나요? 온 동네를 빠짐없이 자세하게 잘 그릴 수 있었나요? 혹시 집 근처는 자세하게 그렸지만, 가 본 적이 없거나 잘 모르는 곳은 간단하게 그리지 않았나요?

〈혼일강리역대국도지도〉에는 한반도가 일본보다 네 배 정도 크게, 심지어 아프리카 대륙보다 더 크게 그려져 있어요. 게다가 중국은 지도 한가운데 세계의 절반 이상을 차지하고 있어요. 아라비아 반도나 아프리카 대륙은 실제 모양과 비슷하지만 훨씬 작게 그려져 있고요. 그 까닭은 조선 사람들한테 중요한 나라는 크고 자세하게 그리고, 반대로 중요하지 않거나 관심이 적은 나라는 작게 그렸기 때문이에요.

그런데 당시 조선 사람들은 어떻게 아라비아 반도는 물론 유럽과 아프리카까지 그릴 수 있었을까요? 〈혼일강리역대국도지도〉의 아랫부분에 지도를 만든 과정과 그 까닭을 밝힌 글을 보면 알 수가 있어요. "천하는 지극히 넓다. 이를 줄여서 폭 몇 자의 지도로 만들려면 상세하기는 어려운 일이다."라고 하면서, 중국 지도인 〈성교광피도〉와 〈혼일강리도〉를 참조해서 지도를 만들었다고 나와 있어요. 하지만 이 두 지도에는 조선이 너무 간단히 그려져 있었대요. 중국 사람들이 그린 지도이니 그럴 수밖에요. 그래서 조선 지도는 직접 새로 그리고, 거기에 일본 지도를 덧붙여 〈혼일강리역대국도지도〉를 만들었어요.

〈성교광피도〉는 원나라 때 이택민이 만든 세계 지도예요. 당시 세계 제국이었던 원나라에는 유럽과 아프리카를 오가던 이슬람 상인들이 드나들었죠. 이들의 지리 정보가 중국을 거쳐 조선까지 전해지면서 우리나라 지도에 유럽이나 아프리카처럼 전혀 교류가 없던 지역까지 담아낼 수 있었던 거예요.

## 사는 지역과 시대에 따라 달라지는 지도

아래 두 지도를 볼까요? 하나는 12세기 때 이슬람에서 만들어진 지도이고, 다른 하나는 16세기에 이탈리아에서 만들어진 지도예요. 이슬람 지도에는 이슬람 국가들이 한가운데 그려져 있어요. 이탈리아 지도에는 유럽이 아주 상세하게 그려져 있고요. 이처럼 지도는 그리는 사람과 그려지는 장소에 따라 모습이 달라져요.

지도는 역사적으로 놓인 맥락에 따라서도 의미가 달라져요. 〈혼일강리역대국도지도〉가 만들어진 1402년은 새 나라 조선을 세운 지 10년째 되던 해였어요. 중국 중심의 세계에 조선도 당당히 자리 잡았다는 자신감을 표현한 것이죠. "보기에도 좋아 집을 나가지 않아도 천하를 알 수 있게 되었다. …… 지도를 보고 지역의 멀고 가까움을 아는 것은 다스림에도 보탬이 된다."고 말할 정도로 말이죠.

알 이드리시의 세계 지도로, '신라'가 다섯 개의 섬으로 표현되어 있어요.

칸티노의 세계 지도로, 측량에 기초하여 만들어진 과학적 지도로 인정받고 있어요.

# 고려의 충신 정몽주가 조선의 충신이 된 까닭은?

어, 무슨 일이 터졌나 봐요?

다리 위에 사람이 쓰러져 있고, 말은 놀라 달아나요!

다리 위에서 말을 탄 사람이 이 광경을 지켜보고 있어요.

　다리 위에 한 사람이 말에서 떨어져 쓰러져 있어요. 그림의 오른쪽 위를 보니까 '몽주운명(夢周殞命) 고려(高麗)'라고 쓰여 있는데, '운명'은 사람의 목숨이 끊어진다는 뜻이에요. 즉 이 그림은 고려의 충신으로 익히 잘 알려진 정몽주가 선죽교에서 죽는 장면을 그린 거예요.

　이 그림은 1797년에 조선의 정조가 어머니인 혜경궁 홍씨의 회갑을 기념해 백성들한테 효를 강조하려고 만든 『오륜행실도』라는 책에 실려 있어요. 이 책에는 효자뿐 아니라 충신이나 열녀처럼 본받을 만한 행실을 한 사람들의 이야기가 실려 있어요. 글을 모르는 사람들도 내용을 쉽게 이해하도록 그림을 함께 넣었기 때문에 '행실도(行實圖)'라고 하지요. '오륜'은 사람이 마땅히 행하거나 지켜야 할 다섯 가지 도리를 말해요.

**그런데 끝까지 고려에 충성한 정몽주가 왜 조선 왕이 만든 책에 실렸을까요?**

『오륜행실도』에 실린 〈몽주운명〉

## 선죽교와 정몽주의 죽음에 얽힌 수수께끼

선죽교에 정몽주가 이방원의 부하들이 휘두른 철퇴를 맞아 흘린 핏자국이 남아 있다는 전설을 다시 한 번 살펴볼까요? 고려 시대 말, 정몽주, 정도전 같은 신진 사대부들은 이성계 세력과 함께 기울어 가는 고려 왕조를 개혁하려고 노력했어요. 하지만 정도전을 중심으로 한 세력들이 이성계를 왕으로 세우고 새 나라를 세우려고 하자, 그동안 뜻을 같이했던 정몽주는 이를 반대했어요.

1392년 3월, 중국 명나라에서 돌아오는 아들을 마중 나간 이성계가 말에서 떨어져 다치자, 이 기회에 정몽주는 이성계를 없애려고 했어요. 하지만 이성계의 다섯째 아들 이방원이 달려가 부상을 당한 아버지를 가마에 태워 개경으로 돌아왔어요. 정몽주는 상황을 엿보기 위해 병문안을 핑계로 직접 이성계를 찾아갔죠. 그때 이성계 옆에 있던 이방원은 정몽주의 속마음을 떠보려고 이런 시를 읊었어요.

이런들 어떠하리. 저런들 어떠하리.
만수산 드렁칡이 얽혀진들 어떠하리.
우리도 이같이 얽혀서 백 년까지 누리리라.

그러자 이방원의 속셈을 알아챈 정몽주는 이렇게 답했어요.

이 몸이 죽고 죽어 일백 번 고쳐 죽어
백골이 진토되어 넋이라도 있고 없고
님 향한 일편단심이야 가실 줄이 있으랴.

고려를 향한 정몽주의 굳은 마음을 알게 된 이방원이 결국 부하들을 시켜 집으로 돌아가던 정몽주를 선죽교에서 철퇴로 내리쳐 죽였다는 전설이 전해지고 있답니다. 그 뒤 이방원은 아버지 이성계를 도와 고려를 무너뜨리고 새 나라 조선을 세웠어요.

　아래 사진은 개성에 있는 지금 선죽교의 모습이에요. 아쉽게도 지금은 휴전선 너머 북쪽에 있기 때문에 가 볼 수는 없어요. 그런데 역사 기록에는 정몽주가 흘린 '핏자국'이 선죽교에 남아 있다는 전설은 물론, 정몽주가 선죽교에서 죽었다고 나오지 않는대요.

　게다가 정몽주가 죽고 10년도 지나지 않은 1401년, 조선의 세 번째 왕이 된 태종 이방원은 오히려 정몽주한테 영의정이라는 최고 벼슬까지 내렸어요. 도대체 어떻게 된 일일까요?

정몽주가 피를 흘리며 죽었다는 선죽교예요. 정몽주 후손이 사람들이 지나다니지 못하도록 돌난간을 둘러 놓았어요.

## 정몽주, 삼강오륜의 모범이 되다

먼저 『조선왕조실록』에서 정몽주의 죽음에 대한 기록을 찾아볼까요?

『조선왕조실록』 가운데에서 「태조실록」을 보면 "병문안을 마치고 집으로 돌아가던 정몽주를 이방원의 부하 조영규가 무기로 내리쳤지만 맞지 않았다. 정몽주가 조영규를 꾸짖고 말을 채찍질하여 달아나니, 조영규가 쫓아가 말머리를 쳐서 말이 넘어졌다. 정몽주가 땅에 떨어졌다가 일어나서 급히 달아나니, 고여 등이 쫓아가서 죽였다."고 나와 있어요.

고려 왕조를 끝까지 지키려다 이방원에 의해 목숨을 잃은 정몽주를 그린 초상화예요.

이처럼 정몽주는 선죽교에서 죽은 것이 아니라, 말에서 떨어진 뒤에 달아나다가 죽은 것으로 기록되어 있어요. 게다가 '정몽주가 흘린 핏자국이 선죽교에 남아 있었다.'는 이야기는 찾을 수가 없어요. 그럼 우리가 익히 알고 있던 선죽교의 핏자국 이야기는 어디서 나온 것일까요? 그리고 고려를 지키려다 죽임을 당한 정몽주가 어떻게 조선 시대에 나온 책에서 충신으로 등장하게 된 것일까요?

조선 초기, 조선을 세운 세력은 새 시대에 걸맞은 새로운 사상과 사회 질서로 유교 즉, 성리학을 도입했어요. 성리학에서는 사람답게 사는 도리를 중요하게 여겨요. 그 가운데에서도 임금과 신하, 부모와 자식, 남편과 아내 사이에 마땅히 지켜야 할 도리를 '삼강'이라고 하고, 여기에 어른과 어린아이, 친구 사이에 지켜야 할 도리까지 합쳐 '오륜'이라고 해서 중요하게 여겼어요. 그리고 이런 성리학의 가르침을 글을 모르는 백성들에게 쉽게 알려 주기 위해 그림을 그려 넣거나 한글 풀이를 담은 『삼강행실도』를 꾸준히 만들어 전국 곳곳으로 내려보냈어요.

특히 태종 이방원은 강력한 왕권을 중심으로 나라를 다스리려고 했어요. 그러려다 보니 나라와 임금한테 충성을 다하는 상징적인 신하가 필요했죠. 그래서 자신이 죽인 정몽주에게 영의정 벼슬을 내린 거예요. 신하들에게 끝까지 고려를 지키려 한 정몽주의 절개와 충성을 본받으라는 뜻이었죠. 그런 이유로 선죽교 핏자국 전설도 생겨났고, 『삼강행실도』와 『오륜행실도』에도 실리게 되었어요.

정몽주는 자기가 죽은 뒤에 조선에서 자신이 충신으로 일컬어질 것을 상상이나 했을까요? 만약에 이런 사실을 알고 있었다면 좋아했을까요? 이처럼 역사에서 인물에 대한 평가는 시대에 따라 달라지곤 해요. 권력의 입맛에 따라, 시대의 요구에 따라 변하곤 한답니다.

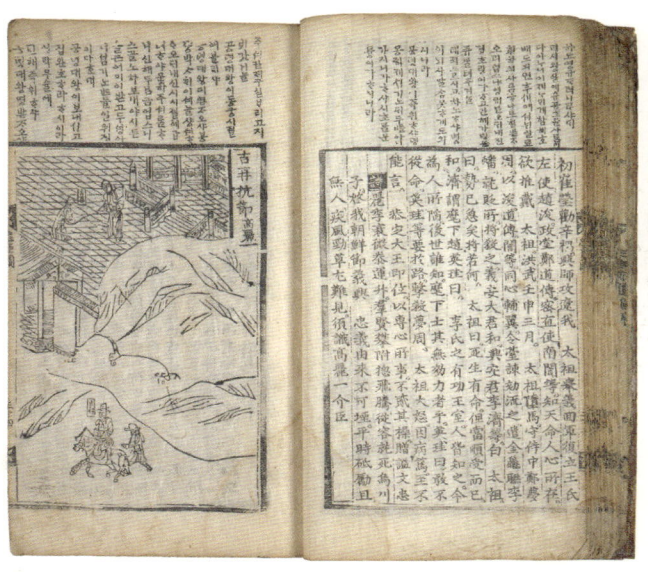

『삼강행실도』(대전)　『삼강행실도』(경남)

『삼강행실도』는 우리나라 곳곳에서 찾아볼 수 있어요. 조선 시대 때 나라에서 많이 찍어 낸 책 가운데 하나예요.

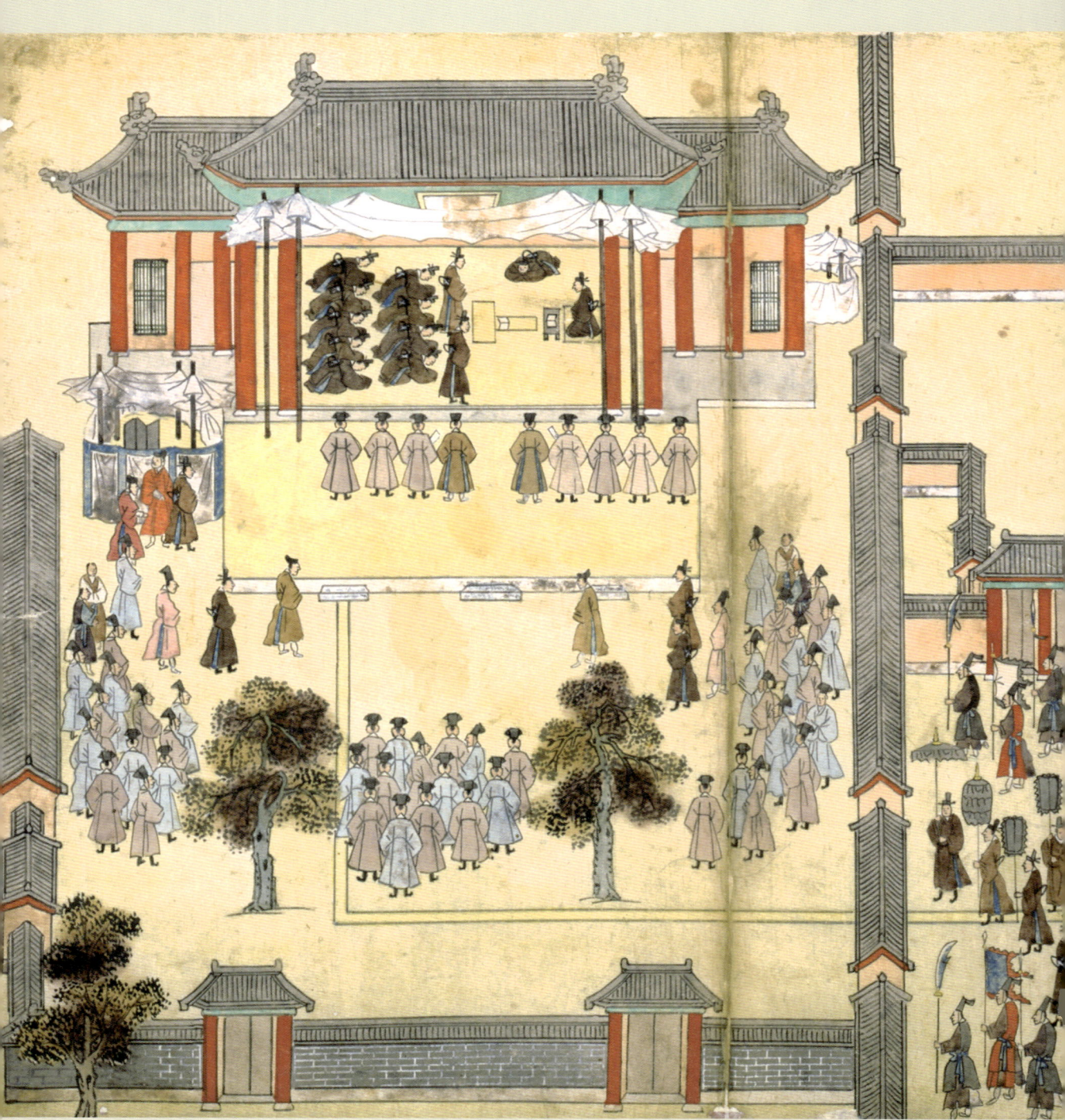

《왕세자 입학도첩》에 실린 〈입학례〉

# 왕세자도 입학식을 했다고?

24 — 왕세자입학도첩

혹시 여러분이 학교에 입학했던 날을 기억하고 있나요? 조선 시대에도 아이들은 학교에 다니면서 공부를 했겠죠? 서당이라고 들어봤죠? 맞아요. 서당은 주로 양반이나 먹고살 만한 평민 아이들이 다니던 교육 기관이었어요. 그런데 왕의 아들인 왕세자는 어디서 교육을 받았을까요?

저기에 있는 사람들이 다 학생인가요?

입학식 주인공은 어디 있죠?

왼쪽 그림을 한번 보세요! 이 그림은 조선 시대에 왕세자가 성균관에 입학하는 장면을 그린 거예요. 수백 명이 참석한 입학식을 '입학례'라는 이름으로 성대하게 치렀는데, 입학생은 단 한 명, 바로 왕세자였어요. 조선 시대의 왕세자는 보통 열 살을 전후해 성균관에 입학했어요.

**그런데 성균관은 어디이고 왕세자는 왜 성균관에 입학했을까요?**

## 아홉 살 왕세자, 성균관에 입학하다

약 2백여 년 전인 1817년 3월 11일, 한양 성균관에서 무척 화려한 입학식이 열렸어요. 그 주인공은 겨우 아홉 살 효명 세자로, 순조의 맏아들이었어요.

이날 입학식에는 왕세자의 교육을 맡은 관리들과 성균관 유생들이 모두 참여했어요. 이 장면을 보기 위해 창경궁에서 성균관에 이르는 길가에는 수많은 구경꾼이 모여들었죠. 백성들도 장차 이 나라를 이끌어 갈 왕세자가 어떤 인물인지 정말로 궁금했거든요.

아래 그림을 보니 드디어 효명 세자가 창경궁을 나와 성균관으로 출발했어요. 성균관은 조선 시대에 가장 수준 높은 국립 교육 기관이었죠. 아래 그림을 보면 문 밖

창경궁 홍화문을 통해 성균관으로 가는 모습을 그린 〈출궁도〉예요. 《왕세자 입학도첩》에는 효명 세자의 성균관 입학식을 기록한 여섯 폭의 기록화가 들어 있어요.

으로 가마가 나오고 있어요. 가마 앞에 검은색 옷을 입은 사람들은 실력이 뛰어난 조선 최고의 선생님들로, 왕세자 교육을 맡아 보던 세자시강원의 관리들이에요.

성균관에 도착한 효명 세자는 곤룡포와 익선관을 벗고 유생들이 입는 옷으로 갈아입은 다음, 대성전으로 들어가 공자와 성인들의 신주 앞에서 술잔을 올렸어요. 그런 다음, 명륜당으로 가서 스승한테 가르침을 청했어요.

마침내 명륜당에서 스승과 제자가 얼굴을 마주하고 앉았어요. 아래 그림의 노란 자리가 바로 효명 세자가 앉던 자리인데, 이게 무슨 일이죠? 세자의 모습이 안 보인다고요? 조선 시대에는 왕의 얼굴(용안)이나 다음 왕이 될 세자의 모습을 잘 그리지 않았어요. 귀한 얼굴이나 모습을 함부로 그릴 수 없었던 거지요.

그림을 잘 보니 스승 앞에는 책상이 있는데, 효명 세자 앞에는 바닥에 책만 덩그러니 펼쳐져 있어요. 장차 조선의 왕이 될 세자가 스승 앞에서 바닥에 엎드려 책을 보았다니 이상하지 않나요?

〈입학도〉 부분이에요. 다른 신하들은 왕세자에게 엎드려 절을 하고 있지만, 왕세자의 스승은 꼿꼿이 앉아 있어요.

조선 시대에는 왕세자라도 스승한테 제자의 예를 깍듯이 갖춰야만 했어요. 왕세자가 스승한테 제자의 예를 갖추고 옛 성현을 공경함으로써 성리학의 예법을 백성들한테 시범으로 보이기 위해서였죠. 성리학에서는 예가 중요하다고 했죠? 장차 왕이 될 사람으로서, 성리학을 근본으로 삼아 나라를 다스리겠다는 의지를 직접 보여 주려 했던 거예요.

그런데 효명 세자는 그날 이후로 성균관에 열심히 다녔을까요? 조선 시대의 왕세자는 입학례를 마치면 성균관에 가지 않았어요. 입학례는 왕세자가 본격적으로 학문을 공부하기 시작한다는 것을 알리는 통과 의례였을 뿐이니까요.

그럼 효명 세자가 다닌 진짜 학교는 어디일까요? 성균관이 아니라 바로 '춘방'이라는 곳이었어요. 왕세자의 하루는 공부의 연속이었어요. 스승들은 세자시강원에서 교대로 숙직하며 왕세자한테 공부를 가르쳤는데, 그러고 보면 왕세자가 살던 동궁은 하나의 작은 기숙 학교였던 셈이죠. 만약 여러분이 조선 시대의 왕세자였다면 공부를 열심히 했을까요?

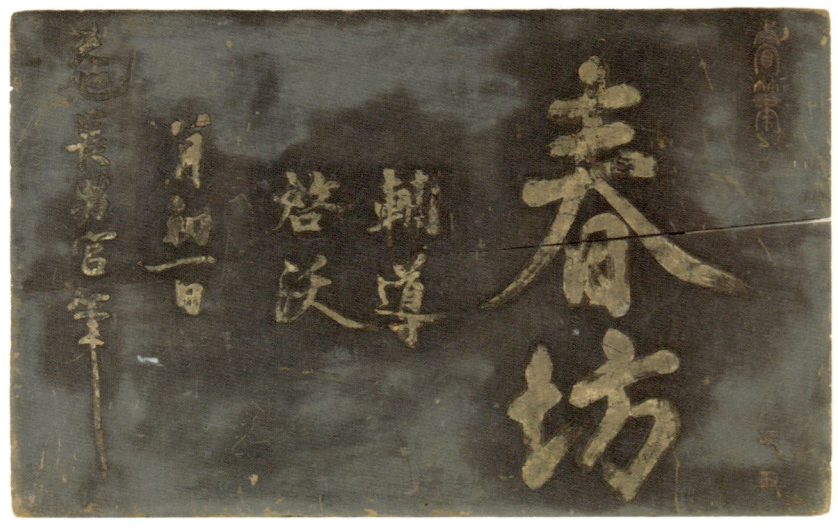

세자시강원에 걸어 두었던 '춘방' 편액으로, 효명 세자가 직접 글씨를 썼어요. 왕세자는 아침, 낮, 저녁 수업을 기본으로 받았어요. 그걸로 부족하면 '소대'와 '야대'라는 보충 수업도 받았어요.

# 서당의 하루

조선 시대의 서당은 요즘으로 치면 초등학교와 비슷하지만, 대부분 양반이나 넉넉한 평민의 남자아이들만 다녔어요. 서당에 입학하는 나이는 딱히 정해져 있지는 않았지만, 일고여덟 살 전후였어요. 입학은 주로 동짓날 했고, 서당에 가는 시간이나 끝나는 시간은 훈장님이 대략 정했어요.

서당에 가면 먼저 훈장님에게 인사를 드리고 모두 방에 앉아 옛이야기나 전날 마을에서 일어난 일, 그리고 예의범절에 관한 이야기를 들었어요. 그러고 나서 전날 배운 내용을 훈장님 앞에서 외웠는데, 통과하지 못하면 때때로 회초리를 맞기도 했죠.

서당에서는 한자의 음과 뜻을 익히기 위해 『천자문』을 제일 먼저 익혔어요. 그러고 나면 『동몽선습』, 『격몽요결』, 『소학』 따위를 차례로 배웠어요. 특히 『소학』은 사람으로서 지켜야 할 도리를 깨치는 과목이었기 때문에 아주 중요했어요.

그런데 서당에서는 공부만 했을까요? 아니요! 승경도 놀이라고 해서 관직 명칭을 익히기 위한 주사위 놀이나 시간을 정하고 글짓기를 겨루기도 했어요. 또, 투호나 제기차기 같은 놀이도 했는데, 가끔씩 싸움이 벌어지기도 했어요.

김홍도가 그린 풍속화 〈서당〉이에요. 어제 배운 내용을 외우지 못했는지 훈장님한테 회초리를 맞고 아이가 울고 있어요.

승경도 놀이판과 말이에요.

世·솅宗종御·엉製·졩訓·훈民민正·졍音흠

世·솅宗종御·엉製·졩 는 世·솅宗종 지·으샨 그·리라 訓·훈民민正·졍音흠 은 百·빅姓·셩 그르·치시논 正·졍 소·리라

國·귁之징語:어音흠·이

國·귁 은 나·라히라 之징 는 ·입·겨지라 語:어 는 :말미라

異·잉乎홍中듕國·귁·ᄒᆞ·야

異·잉 는 다·ᄅᆞᆯ·씨라 乎홍 는 :아·모그에 ·ᄒᆞ논 ·겨체 ·ᄡᅳ·는 字·ᄍᆞᆼ·ㅣ라 中듕國·귁 은 皇꽝帝·뎽 :겨신 나·라히·니 ·우·리

# 세종은 왜 한글을 만들었을까?

어휴, 왼쪽에 있는 책을 한번 읽어 보려고 했는데 한자와 한글이 섞여 있어서 읽기가 너무 어렵다고요? 우리 옛 책은 오른쪽부터, 그리고 위에서 아래로 읽기 시작한다는 사실을 기억한다면 아주 어렵지는 않을 거예요.

자, 지금부터 용기 내서 한번 읽어 볼까요? 먼저 맨 오른쪽, 한자 아래에 한 글자씩 적혀 있는 한글을 차근차근 읽어 보죠. 한글 모양이 지금과 달라서 읽기가 쉽지 않아요. 오른쪽 위에 있는 '셰종'은 우리가 잘 알고 있는 왕 세종이에요.(한글이 만들어질 당시에는 ㆁ은 소리 내서 읽지 않고 ㅇ만 소리 내서 읽었어요.)

세종이 누군지는 다들 잘 알죠? 바로 조선 시대에 한글을 만든 왕이에요. 처음부터 다시 읽어 보면 '世宗御製訓民正音'이라는 한자와 '셰종어제훈민졍음'이라는 한글을 찾을 수 있어요. 아무리 읽어 봐도 도무지 무슨 뜻인지 알기 어려워요. 그런데 그 옆에 한글로 이 말은 '세종이 만든 훈민정음'이고, 훈민정음은 '백성을 가르치는 바른 소리'라고 풀어 놓았어요. 한자로 읽을 때 무슨 말인지 잘 모르겠던 것이 한글로 풀어 놓으니까 무슨 뜻인지 바로 이해가 되죠. 이것이 바로 세종이 '훈민정음' 즉 한글을 만든 까닭이에요.

**'백성을 가르치는 바른 소리'에는 어떤 의미가 담겨 있을까요?**

『훈민정음』 언해본

# 훈민정음의 비밀을 풀어라!

세종은 1443년에 자음 17자와 모음 11자로 이루어진 훈민정음을 완성하고, 1446년에 세상에 발표했어요. 그런 다음 훈민정음을 만든 까닭과 글자의 원리, 사용 방법 따위를 설명해 놓은 『훈민정음』 해례본과, 이 책의 서문을 한글로 번역한 『훈민정음』 언해본을 펴냈어요.

언해본에는 세종이 훈민정음을 만든 까닭을 자세히 밝히고 있는데, 그 내용을 살펴보면 아래와 같아요.

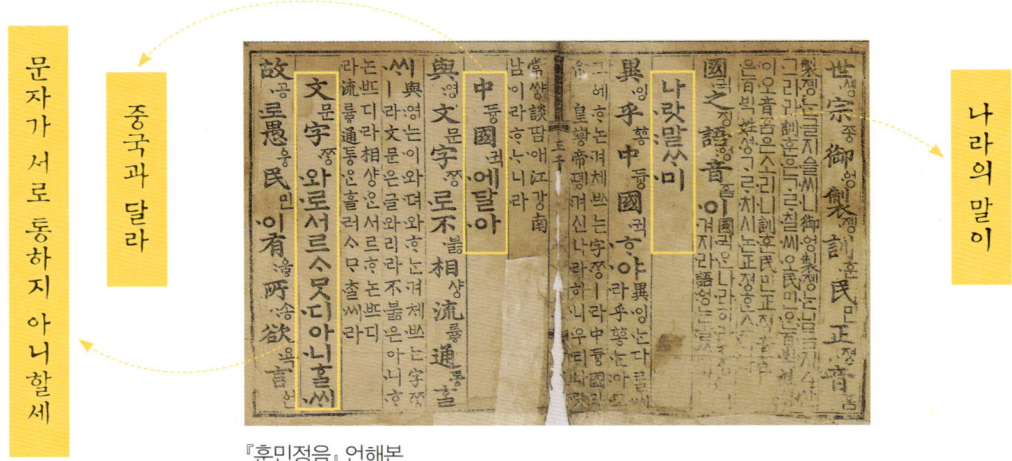

『훈민정음』 언해본

문자가 서로 통하지 아니할세
중국과 달라
나라의 말이

"나라의 말이 중국과 달라 …… 어리석은 백성이 말하고 싶은 것이 있어도 마침내 제 뜻을 잘 표현하지 못하는 사람이 많다. 내가 이를 불쌍하게 여겨 새로 스물여덟 자를 만들었으니, 사람들이 쉽게 익히고 날마다 편하게 쓰게끔 할 따름이다."

먼저 세종은 우리말이 중국의 글자인 한자와 달라서 서로 통하지 않기 때문에 자신의 뜻을 잘 표현하지 못하는 사람이 많다고 했어요. 만약 우리나라 학교에서 말은 우리말로 하면서 글은 영어로만 쓴다면, 여러분도 선생님 말씀을 제대로 옮기지 못하거나 하고 싶은 말을 글로 제대로 표현할 수가 없을 거예요. 마찬가지로 조선 시대에는 글을 쓸 때 한자를 사용했기 때문에 일반 백성들은 억울한 일을 당해도 관청에 호소할 수도, 농사와 관련한 간단한 일조차 기록할 수도 없었어요.

게다가 세종이 나라를 다스린 지 16년이 되던 해, 진주에 사는 김화라는 사람이 아버지를 죽이는 일이 일어났어요. 지금도 마찬가지이지만, 조선 같은 유교 사회에서 아들이 아버지를 죽이는 패륜은 용납할 수 없는 큰 사건이었죠. 그런 엄청난 사건을 깊이 고민하던 세종은 어리석은 백성들을 제대로 가르치기 위해서는 누구나 쉽게 사용할 수 있는 글자가 필요하다는 생각을 하게 되었어요.

한자는 글자마다 뜻이 들어 있는 뜻 문자예요. 한자를 익히고 쓰려면 모든 한자를 다 외워야 했고, 뜻을 담는 문장을 만들어 쓰는 일은 더욱 어려웠어요. 그래서 매일 공부만 하는 양반이 아니고서는 익히고 쓰는 데 시간과 노력이 너무 많이 필요했죠. 하지만 세종이 만든 훈민정음은 "지혜로운 사람은 아침나절이 되기 전에 이를 이해하고, 어리석은 사람도 열흘 만에 배울 수 있다."고 할 정도로 누구나 쉽게 익힐 수 있었어요.

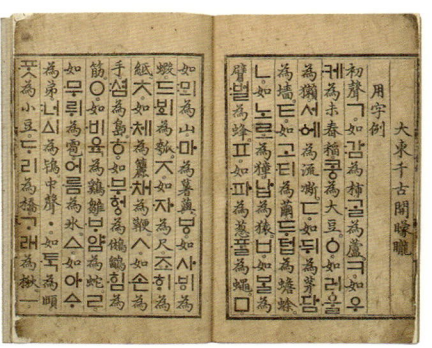

문자를 만든 원리를 밝히고 해설한 『훈민정음』해례본이에요.
글자의 첫소리와 마지막 소리인 자음은 발음 기관을 본떠 만들었고,
중간 소리인 모음은 하늘과 땅, 사람을 본떠 만들었어요.

# 한글이 걸어온 길

『용비어천가』는 세종의 여섯 조상을 찬양하는 125장의 노래로 되어 있어요.

위 책에 나와 있는 글을 읽어 볼까요? 앞에 나온 『훈민정음』처럼 옛날 한글과 한자가 뒤섞여 있어요. 이 책은 세종이 훈민정음을 만들고 난 뒤 훈민정음을 사용해 가장 먼저 펴낸 책인 『용비어천가』예요. 처음 펴냈으니까 아주 상징적인 뜻을 지니고 있겠죠. 한글을 조금 읽어 보면 "뿌리 깊은 나무는 바람에 휘어지지 않네."로 시작하는데 여기에는 무슨 뜻이 담겨 있을까요? 『용비어천가』에는 세종의 직계 조상 여섯 분의 행적과 조선의 건국을 찬양하고 조선 왕실의 위엄을 드러내는 내용이 담겨 있어요. 이를 비추어 볼 때, 세종이 훈민정음을 만든 까닭에는 백성들에게 조선 왕실이 이렇게 대단하므로 왕과 왕실에 충성하라는 뜻도 담겨 있다는 것을 알 수 있죠.

그렇다면 훈민정음은 세종의 바람대로 '백성들이 쉽게 익혀 날마다 편하게 쓰게' 되었을까요? 그렇지 않아요! 처음에는 우리글로 제대로 대접받지 못했어요. 세종이 훈민정음을 반포하자, 학자들은 대부분 새 문자를 만드는 일은 오랑캐나

하는 짓이며 문화적으로 앞선 중국을 배우기 위해서는 한자를 알아야 한다고 주장했어요. 특권을 유지하고자 했던 양반들도 여전히 한자를 고집했죠.

하지만 왕실이나 양반가의 여인들은 훈민정음을 사용해서 편지를 주고받았고, 여성이 지켜야 할 유교 규범서를 만들기도 했어요. 17세기에는 한글 가사와 한글 소설이 유행하면서 훈민정음을 이용하는 백성이 점차 늘어났어요. 19세기 초에는 우리말과 글의 우수성을 연구하는 사람이 나오기도 했고요.

하지만 우리글이 사회적으로 널리 인정받게 된 것은 개화기를 거치면서 우리글이 우리나라의 글이라는 자격을 얻게 되고, 국어학자인 주시경이 '한글'이라는 이름을 지은 뒤부터였어요. 특히 일제 강점기를 거치면서 한글의 소중함을 새삼 깨닫게 되었죠. 마침내 해방 뒤 한글날이 정해지면서 지금까지 이르렀어요. '한글'이라는 '문자'가 사회적으로 널리 인정받는 데 거의 5백 년이라는 세월이 걸린 거예요.

효종의 딸 숙명 공주와
왕실 사람들이 주고받은 편지

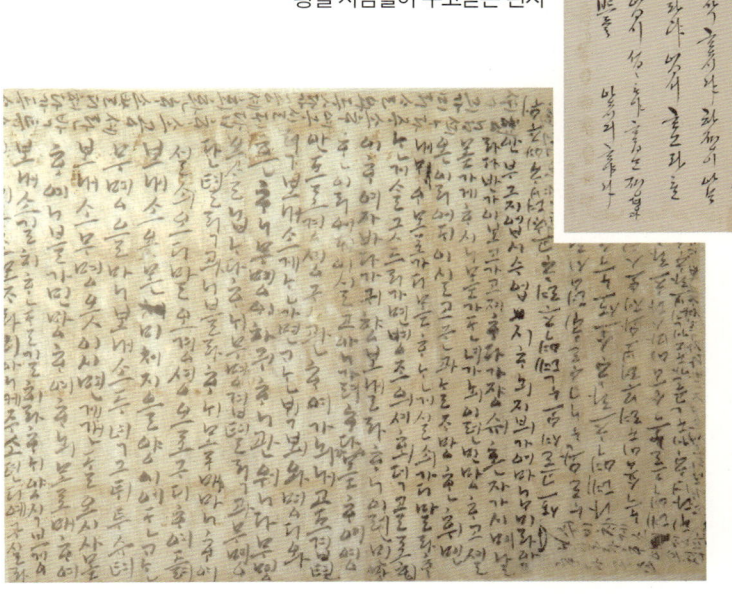

가장 오래된 한글 편지로, 조선 시대 하급 무관인 나신걸이 아내에게 쓴 편지

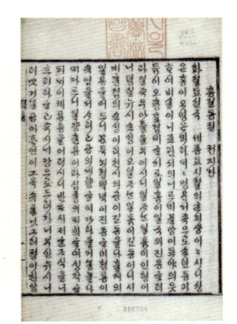

조선 중기 한글 소설 『홍길동전』

# 세숫대야일까, 솥단지일까?

아이들은 뭘 그렇게 열심히 들여다보고 있는 걸까요? 솥처럼 생긴 이것은 무엇에 쓰는 물건일까요?

사진 속에 실마리가 있어요. 솥 안에 줄이 그어져 있고, 한가운데 뾰족한 뭔가가 반짝거리고 있어요. 이 그림자가 솥 안에 있는 줄과 만나요.

이것은 조선 시대의 해시계로, 이름은 '앙부일구'예요. 한자라서 좀 어렵지만 한 글자씩 읽어 보면 '우러를 앙(仰), 가마 부(釜), 해 일(日), 그림자 구(晷)'예요. '앙부'는 마치 하늘을 우러러보는 가마솥처럼 생겼다는 뜻이고, '일구'는 해의 그림자예요. 즉 '앙부일구'는 해시계를 말해요.

앙부일구는 1434년, 세종이 장영실과 이천에게 시켜서 처음 만들었는데, 해의 그림자를 만드는 시곗바늘과 그림자가 생기는 오목한 판, 그리고 이것을 떠받치는 네 개의 다리와 물을 채워 수평을 바로잡는 십자 모양의 물받이로 구성되어 있어요.

**이 앙부일구로 시간을 어떻게 알 수 있죠?
그리고 세종은 왜 이런 해시계를 만들라고 했을까요?**

창덕궁에 전시 중인 앙부일구 복원품

## 앙부일구로 시간을 어떻게 알았을까

학교 운동장 한가운데 나무 막대기를 세워 놓고 그림자의 방향과 길이를 재서 시간을 알아내는 실험을 해 본 적이 있나요? 앙부일구는 해시계니까 당연히 해가 떠서 그림자가 생겨야 시간을 알 수 있어요. 앙부일구를 보면 가운데에 뾰족한 바늘이 있는데, 햇빛을 받으면 오목한 안쪽에 그림자가 생겨요. 이건 그림자 바늘이라는 뜻의 '영침'❶이에요. 영침의 그림자 끝과 오목한 판에 그어진 선이 어디서 만나는지 보면 시간을 알 수 있어요. 아래 사진 속 앙부일구는 몇 시 몇 분을 가리키고 있는지 알아볼까요?

앙부일구 안쪽에 가로줄과 세로줄이 그어져 있어요. 긴 세로줄은 낮 시간을 나타내는 일곱 개의 선으로, 2시간 간격으로 그어져 있어요. 그 사이는 또 여덟 개의 선

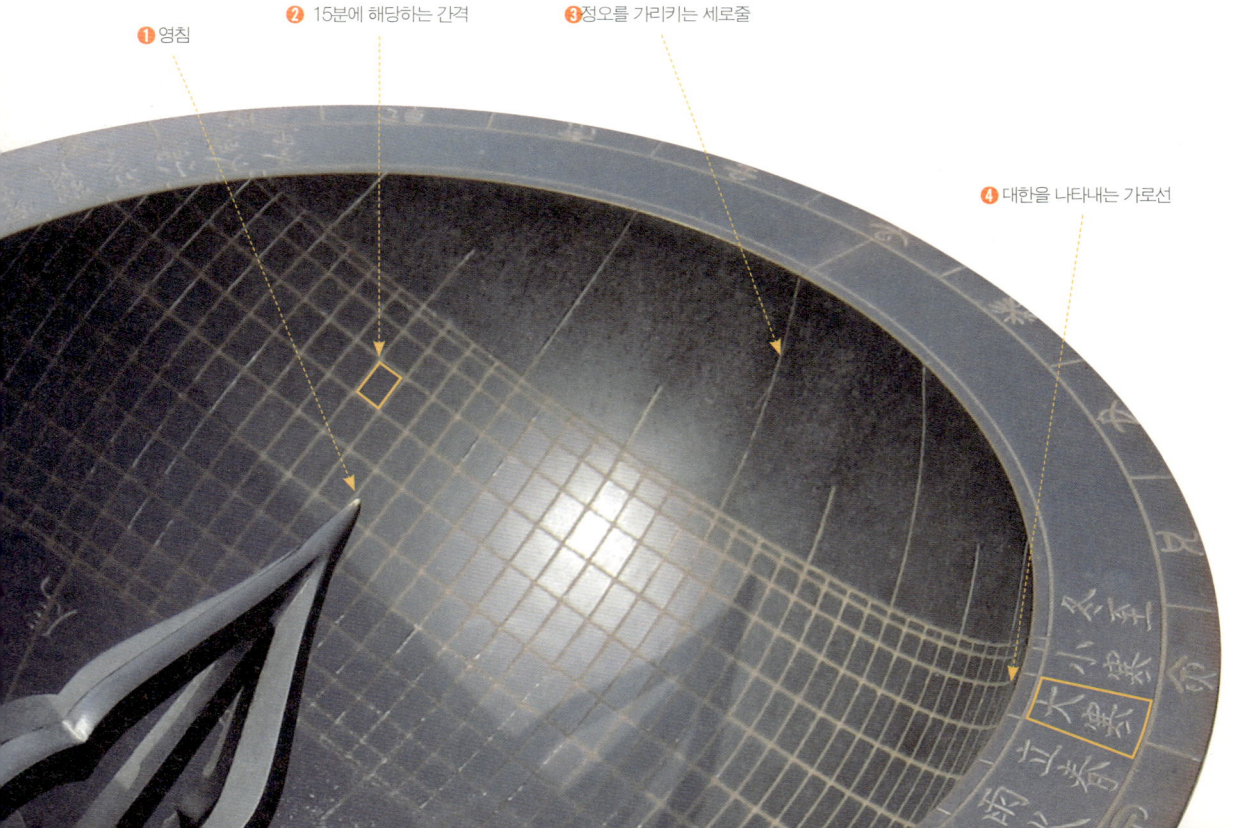

❶ 영침
❷ 15분에 해당하는 간격
❸ 정오를 가리키는 세로줄
❹ 대한을 나타내는 가로선

으로 나누었는데, 그럼 한 칸은 15분❷이 되겠죠? 가운데 긴 세로줄❸은 정오, 즉 낮 12시를 가리켜요. 사진 속 앙부일구의 그림자는 한가운데 긴 세로줄을 지나 두 번째 줄에 걸려 있어요. 그러니까 지금은 낮 12시 30분쯤이로군요.

이제 가로선❹을 따라가 볼까요? 그랬더니 '대한(大寒)'이라고 쓰인 글자가 나와요. 이것은 무엇을 나타내는 것일까요? 예전에는 한 해를 스물넷으로 나눠 계절의 변화를 나타냈는

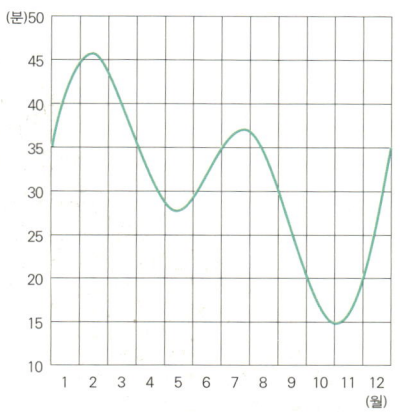

앙부일구와 지금 우리가 보는 시계의 시간과의 차이를 알려 주는 시차 보정표예요. 달마다 차이가 나는 시간이 달라진답니다.

데, 이것을 '절기'라고 해요. 대한은 한겨울 가장 추운 때로, 양력 1월 20일쯤이에요. 그러니까 세로줄로 시각을, 가로줄로 절기를 한꺼번에 알려 주는 거예요. 앙부일구는 시간을 재는 시계이자, 날짜와 계절도 알려 주는 달력 역할도 한 셈이죠.

그런데 지금 우리가 사용하는 시간은 세계 표준 시간을 기준으로 하다 보니 해의 위치로 시간을 재는 앙부일구와 차이가 생겨요. 위쪽에 나온 시차보정표를 사용해서 알아보면, 지금 우리가 가진 시계가 가리키는 시각은 1시 15분쯤일 거예요.

땅에 고정되어 있는 앙부일구는 영침이 북쪽을 가리키도록 만들었기 때문에 방위를 알려 주는 나침반 구실도 했어요. 고정되어 있지 않은 휴대용 앙부일구에는 나침반을 따로 달아 북쪽을 알 수 있게 했고요.

그런데 해가 진 깜깜한 밤이나 비가 오고 눈이 와서 해가 나지 않을 때는 어떻게 시간을 알 수 있었을까요?

휴대용 해시계예요.
크기가 작아서 들고 다닐 수 있었어요.

## 세종이 시계를 만든 까닭

　조선 시대에는 앙부일구 외에 낮에는 해를 기준으로 밤에는 별을 기준으로 시간을 측정하는 '일성정시의'라는 천문 시계가 있었어요. 밤에 시간을 알 수 없었던 해시계의 불편함을 보완한 거예요. 또 국가의 표준 시계이자 자동 물시계인 자격루도 있었어요. 모두 세종 때 만들어졌어요.

　세종은 경복궁 안에 보루각을 짓고 장영실이 만든 자격루를 설치한 다음 시·경·점에 따라 종·북·징으로 표준 시각을 알렸어요. 그러면 보루각의 신호에 따라 광화문과 종루에서 종소리로 한양 도성 안 백성들한테 시간을 알렸지요. 새벽을 알리는 33번 파루 종소리가 울리면 성문이 열리면서 임금을 비롯한 백성들의 하루가 시작됐어요. 그리고 오시(오전 11시~오후 1시 사이)에는 광화문의 대종을 울려 궁궐과 관청의 오전 일을 마무리했어요. 낮에는 광화문 네거리와 종묘 앞에 앙부일구를 설치해 오가는 백성들이 정확한 시각을 알 수 있도록 했어요. 또 종루에서 초저녁을 알리는 28번 인정 종소리가 울리면 성문이 닫히면서 통행이 금지되고 순라군이 순찰을 돌기 시작했어요. 세종은 경험에 의존하던 시간의 활용을 정확한 시계로 표준화해서 때에 맞춰 정확한 일처리가 가능하도록 했던 거예요.

일성정시의의 복원 모형이에요. 별의 움직임을 보고 밤에도 시간을 알 수 있도록 만든 시계예요.

　세종은 시계뿐 아니라 천문 관측기구로 하늘을 관찰해 『칠정산』 '내편'과 '외편'이라는 달력도 만들게 했어요. 왜 그랬냐고요? 농사에 필요한 절기와 계절의 변화를 백성들한테 정확하게 알리려고 했기 때문이에요. 농사는 무엇보다 때가 중요했어요. 언제 씨를 뿌리고, 언제 김을 매고, 또 언제 거두느냐에 따라 수확량이 달라지거든요. 대부분 농민이었던 백성들이 때를 놓치지 말고 농사를 잘 지어야만, 살림이 넉넉해지고 세금도 잘 낼 수 있었죠. "임금은 백성을 하늘로 삼고, 백성은 밥을 하늘로 삼는다."는 말이 있을 정도였어요.

　이처럼 조선 시대에는 시계와 달력이 일상생활에서 널리 사용되면서 시간을 지키는 일이 점점 중요해지기 시작했어요. 또한 백성들한테 제대로 된 시간을 가르쳐 주는 것이야말로 왕의 임무 가운데서도 가장 으뜸이 되었어요. 다시 말해 시간을 잘 알아야만 천하도 다스릴 수 있었던 거예요.

5만 원권에 있는 신사임당 초상과 5천 원권에 있는 이이의 초상

## 지폐 속 주인공은 누구일까?

27 - 신사임당

왼쪽 사진은 어린이나 어른 할 것 없이 좋아하는 돈이에요. 세뱃돈이나 용돈을 받으면 기분이 무척 좋죠? 그런데 돈을 자세히 들여다본 적은 별로 없을 거예요. 돈 속에는 여러분이 미처 몰랐던 수수께끼가 숨어 있어요. 그 수수께끼가 궁금하다면, 왼쪽 사진을 다시 한 번 찬찬히 들여다보세요. 뭐가 보이나요?

이 화폐 속 주인공은 신사임당(위)과 이이(아래)예요. 이 두 사람은 엄마와 아들 사이죠. 5만 원 배경에는 신사임당이 그린 포도와 풀벌레 그림이, 5천 원 배경에는 이이가 어릴 적 살던 강릉 오죽헌의 대나무 그림이 흐릿하게 그려져 있어요.

세계 각국의 화폐에 그려진 주인공들은 역사적으로 뛰어난 인물이에요. 하지만 신사임당과 이이처럼 어머니와 아들이 함께 주인공이 된 적은 없어요. 특히 신사임당은 우리나라에서 여성 가운데 처음으로 화폐 주인공이 되었죠.

**그런데 신사임당은 왜 화폐의 주인공이 되었을까요?**

## 아들이 말하는 '나의 어머니', 신사임당

조선의 유학자이자 정치가였던 이이는 그 어렵다는 과거 시험을 아홉 번이나 장원으로 급제할 만큼 실력이 뛰어났어요. 이런 아들을 키워 낸 신사임당은 어떤 사람이었을까요? 이이가 쓴 『나의 어머니 일대기』를 보면 신사임당에 대해 알 수 있어요. 이 글에서 이이는 어머니 신사임당이 "어려서부터 경전에 통달했고 문장에 능했다."거나 "어머니의 그림을 모사한 병풍이나 족자가 세상에 많이 전해지고 있다."고 적었어요.

신사임당의 글씨는 지금까지 전해지는 것이 없지만 그림은 여럿 있어요. 돈에 그려진 〈묵포도도〉와 《초충도수병》이 대표적인 작품이에요. 오른쪽 〈묵포도도〉를 한번 보세요. 넝쿨에 매달린 포도송이가 정말 탐스럽지 않나요? 또 5천 원짜리 뒷면에도 신사임당이 그린 〈수박과 여치〉, 〈맨드라미와 개구리〉 그림이 있어요. 그림 솜씨가 빼어났던 신사임당은 풀꽃과 벌레 그림을 특히 즐겨 그렸는데, 이런 그림들을 '초충도'라고 불러요.

신사임당은 지금도 우리 주변에서 흔히 볼 수 있는 꽃과 풀, 벌레들을 세심하게 관찰해서 그림을 그렸어요. 맨드라미, 원추리, 패랭이, 민들레, 국화 같은 꽃들 사이로 벌과 나비가 훨훨 날아다니고, 커다란 수박과 가지가 주렁주렁 매달려 있는 그림들이지요.

신사임당은 보통 사람은 그냥 지나칠 법한 아주 작고 사소한 것에도 애정을 가졌던 거예요. 아마도 이러한 따뜻한 마음씨 덕분에 이이처럼 뛰어난 인물을 키워 낼 수 있었던 게 아닐까요?

먹의 농담만으로 포도를 생동감 있게
그려 낸 〈묵포도도〉예요.
신사임당은 산수화와 포도 그림도 무척
잘 그렸다고 해요.

《초충도수병》 가운데 〈수박과 여치〉

《초충도수병》 가운데 〈맨드라미와 개구리〉

183

## 장가가는 남성, 재산도 물려받은 여성

흔히 조선 시대에는 아내가 남편의 말을 무조건 따라야 했다고 생각하죠? 그런데 신사임당은 그렇지 않았어요. 이이가 쓴 『나의 어머니 일대기』에 "아버지께서 혹시 실수하는 일이 있으시면 반드시 옳은 도리로 간하셨다."고 할 정도로 때로는 남편의 잘못을 꾸짖을 줄 아는 당찬 여성이었어요.

조선 시대에도 요즘처럼 여성들이 당당하게 살던 때가 있었어요. 신사임당과 이이가 살던 때가 그랬죠. 신사임당은 딸 셋, 아들 넷을 낳았는데, 이이는 그중 셋째 아들로 외가인 강릉 오죽헌에서 태어났어요. 오죽헌은 신사임당이 태어나서 자란 곳이에요. 그러니 남편인 이원수도 당연히 처가살이를 했겠죠?

이처럼 조선 시대에 임진왜란과 병자호란이라는 큰 전쟁이 일어나기 전까지는 결혼을 하면 남성이 여성의 집에 가서 사는 일이 많았어요. 여성이 시집을 가는 게 아니라 남성이 장가를 갔던 거예요. 그러다 보니 사위가 장인과 장모를 모시고 살기

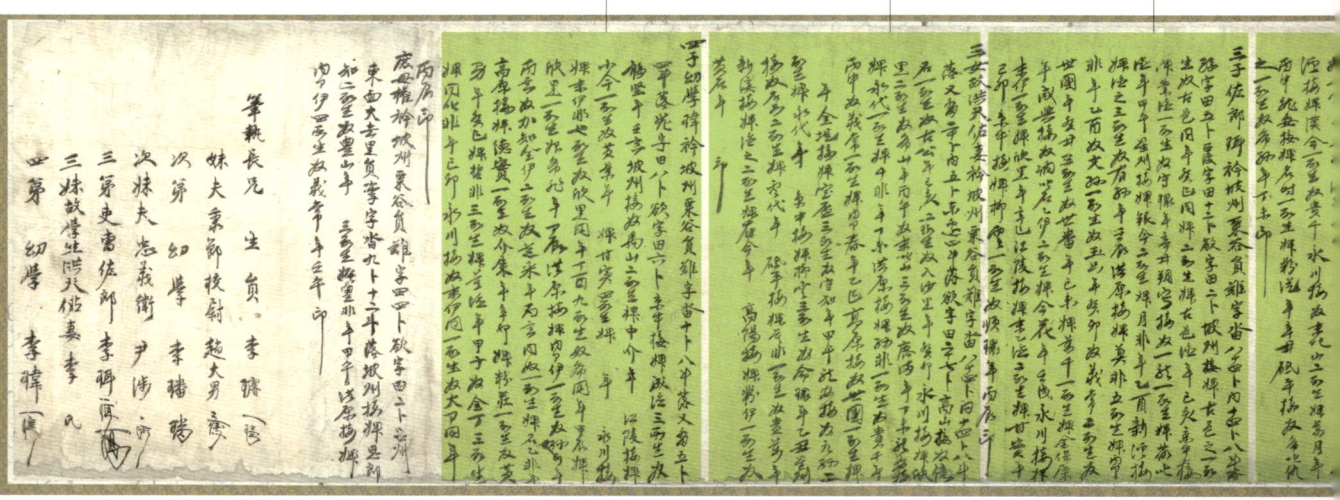

율곡 이이 선생가 분재기

넷째 아들 우는 논 15복 12마지기, 밭 14복, 노비 15명

셋째 딸은 논 19복 12마지기, 밭 27복, 노비 15명

셋째 아들 이는 논 14복 8마지기, 밭 19복, 노비 15명

도 하고, 제사를 지내기도 했어요. 부모님이 돌아가시면 아들딸 골고루 재산을 물려받았어요. 아래 사진은 이이의 형제자매들이 부모의 재산을 어떻게 골고루 나누어 가질지 기록한 '율곡 이이 선생가 분재기'예요. 아버지인 이원수가 돌아가신 다음, 다 함께 모여 남자와 여자, 나이에 따른 차별 없이 균등하게 재산을 나누고 서명을 해서 서로 확인했어요.

그럼 우리가 알고 있는 것처럼 제사를 아들만 지내거나 부모님의 재산을 아들만 물려받기 시작한 건 언제부터일까요? 두 번의 전쟁을 겪은 뒤 양반들의 유교 문화가 한층 강화되고, 서민들한테도 조금씩 뿌리내리면서부터예요.

그동안 신사임당은 현모양처의 상징으로 널리 알려져 있었어요. 그 덕분에 여성으로서는 처음으로 화폐에 등장하게 되었죠. 그렇지만 작고 사소한 것에도 애정을 갖고 예술적 재능을 맘껏 뽐내며, 옳은 도리에는 뜻을 굽히지 않았던 신사임당의 당당한 모습도 무척 인상적이에요. 성별에 구애받지 않고 저마다의 재주와 능력을 맘껏 펼치는 요즘 시대의 여성들과 무척 닮지 않았나요?

둘째 딸은 논 14복 8마지기, 밭 14복, 노비 15명

둘째 아들 번은 논 14복 8마지기, 밭 11복 반일경, 노비 16명

큰딸 매창은 논 32복 10마지기, 밭 29복, 노비 16명

큰아들 선은 논 15마지기, 텃밭 1일경, 노비 16명

# 전쟁을 그림에 담다

큰 전투가 벌어졌어요. 누가 싸우는 거죠?

성이 포위된 것 같아요. 그런데 여기는 어디죠?

성벽이 뚫렸어요. 긴 창을 든 군사들이 몰려들어요.

왼쪽 그림은 전투하는 장면을 그린 그림 같아요. 성 밖 군사들은 성으로 들어가려고 남쪽 성문 앞에서 큰 도끼를 휘두르고 있고, 남쪽 성벽 위에서는 이들에게 화살을 날리며 성을 지키고 있어요. 성벽 위에는 장군을 뜻하는 노란색 수(帥) 깃발이 나부끼고 있어요.

오른쪽 위를 보니까 성벽을 부수고 군사들이 성 안으로 물밀듯이 들어오고 있어요. 성으로 들어오는 군사에 비해 성을 지키는 군사의 수는 그리 많지 않아 금방이라도 함락될 듯 위태위태해 보여요.

이 그림은 임진왜란 때 치열했던 동래성 전투를 그린 〈동래부 순절도〉예요. 1592년 4월, 지금의 부산에 있던 동래성에서 일본군의 침략에 맞서 싸우다 죽은 동래부사 송상현과 백성들의 모습이 그려져 있어요. '순절'이 뭐냐고요? 나라를 위해 목숨을 바치는 것을 순국이라고 하죠? 마찬가지로 순절은 충절이나 정절을 지키려고 죽은 것을 말해요. 〈동래부 순절도〉는 임진왜란 때 나라를 지키려다 목숨을 잃은 동래성 사람들의 충절을 기리는 그림이에요.

**그림 속으로 들어가 당시 치열했던 전투를 함께 느껴 볼까요?**

변박이 그린 〈동래부 순절도〉

# 조선과 일본의 7년 전쟁 속으로

화가 변박이 그린 〈부산진 순절도〉로, 일본군이 조선으로 들이닥치던 모습을 그렸어요.

1592년 4월 13일, 7백여 척에 나누어 탄 일본군이 부산 앞바다로 쳐들어왔어요. 이때 벌어진 전투를 그린 〈부산진 순절도〉에는 검은 갑옷 차림의 부산첨사 정발을 중심으로 부산진의 성곽 위에 서 있는 조선 병사들이 그려져 있어요. 그 주변을 일본군과 일본 배가 빼곡히 에워싼 모습이 보이는데, 조선군과 일본군의 전력 차이를 한눈에 봐도 알 수 있죠.

당시 일본군은 오랫동안 분열됐던 일본 열도를 통일한 도요토미 히데요시가 중국 대륙으로 진출한다는 명분으로 보낸 정예병이었던 데다 그 수도 20여 만 명이나 됐어요. 반면 전쟁 준비가 제대로 되어 있지 않던 부산진은 결국 함락되었고 정발도 전사하고 말았죠. 그리고 다음 날 동래성에도 일본군이 들이닥쳤어요.

문 아래 떨어진 검은색 나무패

지붕에서 격렬히 저항하는 두 아낙

말을 타고 도망치는 경상좌변사 이각

죽음을 선택한 동래부사 송상현

〈동래부 순절도〉를 좀 더 자세히 볼까요? 동래성 둘레에는 칼을 든 무리와 조총을 든 무리가 겹겹이 에워싼 채 남쪽 성문을 부수려고 도끼로 공격하고 있어요. 남문 위에서는 붉은 갑옷을 입은 동래부사 송상현이 조선 군사들을 지휘하고 있어요. 문 아래 떨어진 검은 나무패에는 '길을 빌려 주기는 어렵다(假途難).'는 말이 적혀 있어요. 중국 명나라로 가는 '길을 빌려 달라(假我途).'는 일본의 요구에 대한 답을 내어 보인 것이죠. 성 안에서는 아낙들까지 지붕에 올라 기왓장을 던지며 싸우고 있어요. 반면 성을 버리고 달아나는 경상좌변사 이각의 무리도 있어요.

하지만 끝내 동래성은 일본군에게 함락될 위기를 맞았어요. 동쪽 성벽으로 일본군들이 쏟아져 들어오면서 성 안의 인원으로는 도저히 막을 수가 없는 상황에 이르렀죠. 그러자 송상현이 붉은 관복을 입고 왕이 있는 북쪽을 향해 절을 한 뒤, 부모에게 하직의 시를 남기고 죽음을 맞는 모습이 그림 한가운데 그려져 있어요.

동래성을 무너뜨린 일본군은 한양으로 향했고, 선조와 신하들은 한양과 백성을 버리고 북쪽으로 피란을 갔어요.

## 전쟁이 남긴 상처

하지만 조선의 반격도 만만치 않았어요. 전라 좌수영을 이끌던 이순신 장군이 옥포 해전에서 첫 승리를 거둔 이후 한산도 대첩까지 승전보가 잇따랐고, 곽재우를 비롯해 전국 곳곳에서 일어난 의병들도 일본군에 맞서 싸웠어요.

12월에는 중국 명나라 군대 4만 3천여 명이 조선을 도우러 압록강을 건너와 조선군과 힘을 합쳐 일본에 빼앗겼던 평양성을 되찾았어요. 아래에 있는 그림이 바로 치열했던 평양성 전투를 그린 그림이에요. 2월에는 권율 장군이 이끄는 조선군 2천 8백여 명이 행주산성에서 일본군 3만여 명을 물리치는 큰 승리를 거뒀어요.

조선의 반격에 밀린 일본군은 한강 이남은 일본이 차지한다는 조건의 강화 회담을 본격적으로 명나라에 제안했어요. 전쟁 당사국인 조선을 뺀 채 말이에요. 그

조선과 명나라 군사가 연합하여 일본군이 점령하고 있던 평양성을 되찾는 모습을 그린 〈평양성 탈환도〉예요.

러면서 전쟁이 소강상태에 접어들었어요. 하지만 명나라가 강화 조건을 받아들이지 않자, 강화 회담은 결국 깨지고 전쟁이 다시 시작되었어요. 그러다가 도요토미 히데요시의 갑작스러운 죽음으로 일본군은 퇴각하기 시작했고, 이순신 장군이 노량 해전에서 일본군을 크게 물리치면서 7년이나 계속된 전쟁은 마침내 끝났어요.

임진왜란 때 일본군이 공로를 증명하려고 죽은 조선군 외에도 아무나 닥치는 대로 코를 베어 일본으로 보내서 만들어진 코무덤이에요. 너무 끔찍하다고 나중에는 귀무덤이라고 불렀다고 해요.

조선 땅에 남겨진 전쟁의 피해는 너무나 컸어요. 농사지을 땅이 줄었고, 수많은 건축물과 문화유산이 불타거나 사라져 버렸어요. 경복궁과 종묘 같은 건물은 물론이고, 불국사와 통도사 같은 절도 파괴되었어요. 게다가 지금은 유네스코 세계 기록 유산으로 지정된 『조선왕조실록』도 하마터면 사라질 뻔했어요. 무엇보다도 인명 피해가 가장 컸어요. 인구가 백만 명이나 줄어들었을 뿐만 아니라, 도자기 장인은 물론이고 일반 백성들도 전쟁 포로로 일본에 끌려갔어요.

조선과 일본의 7년 전쟁이 끝나자 동아시아의 운명도 달라졌어요. 임진왜란은 조선과 일본, 명나라가 7년 동안이나 벌인 국제적인 전쟁이었기 때문이죠. 전쟁을 일으킨 일본은 도요토미 히데요시가 죽자, 도쿠가와 이에야스가 권력을 잡으면서 새 정권이 들어섰어요. 또 명나라는 엄청난 전쟁 비용과 병력 부담으로 국력이 약해져 여진족한테 멸망당했어요. 물론 가장 참혹한 전쟁을 겪은 조선도 새로운 사회 변화를 맞게 되었죠.

일본 화가 하네가와 토오에이가 그린 〈조선 통신사 내조도〉

# 조선 통신사가
# 일본으로 간 까닭은?

우아! 무슨 축제라도 열렸나요? 건물 사이로 커다란 깃발을 앞세운 행렬이 이어지는데, 한가운데 가마를 탄 사람과 그 주위에 갓을 쓰고 도포 차림을 한 사람들이 보여요. 이 사람들은 당연히 조선 사람들이죠. 그런데 구경꾼들은 조선 사람이 아닌 것 같아요. 뒷머리만 남겨 놓은 남자들이나 입고 있는 옷을 보니, 아하! 일본 사람들이네요.

그러고 보니 2층으로 된 나무 건물에 우동 집이나 일본 음식점에서 많이 보던 깃발이 1층에 나부끼고 있어요. 건물 사이로 저 멀리 눈이 덮인 산봉우리, 그러니까 엽서 같은 데에서 종종 보았던 후지 산이 보이는 걸로 보아 아마 이곳은 일본의 수도인 도쿄 같아요.

**그런데 이 멀고도 먼 일본에 이렇게 많은 조선 사람들이 왜 간 것일까요?**

## 조선 통신사의 길을 따라서

앞 그림에 나오는 조선 사람들의 행렬을 '통신사'라고 해요. 통신(通信)은 '믿음으로 통한다'는 뜻으로, 조선에서 일본에 파견한 외교 사절단이에요.

조선과 일본의 7년 전쟁이 끝난 뒤, 일본에서는 도쿠가와 이에야스가 정권을 잡고 에도에 새로운 막부를 열었어요. 도쿠가와 이에야스는 자신의 권위를 높이고 막부 체제를 튼튼히 하고자 조선에서 통신사를 보내 주기를 바랐어요. 이웃한 조선과 평화로운 관계를 맺고 국내 민심을 안정시켜야 했기 때문이죠. 조선에서는 일본에 대한 적대감과 또다시 침략할 수 있다는 우려가 있었지만, 일본에서 보내 온 국서에 대한 답례와 전쟁 포로를 데려오기 위해 통신사를 파견하기로 결정했어요.

조선 통신사에는 한 번에 사오백 명 정도의 인원이 참여했어요. 맨 앞에 조선의 왕을 뜻하는 용 깃발이 앞서 가고 그 뒤를 행렬의 흥을 돋워 주는 악대가 뒤따르

〈조선 통신사 내조도〉 부분이에요. 가마에 탄 정사의 신발까지 조심스럽게 들고 가고 있어요.

죠. 그 뒤에는 '청도(淸道)'라고 쓰인 깃발과 가마꾼이 짊어 맨 가마를 탄 '정사'가 뒤따라요. 정사는 당시 일본을 다스리던 쇼군에게 왕의 국서를 전달하는 관리예요. 그 뒤로 정사를 보좌하는 부사, 기록과 보고를 맡은 종사관이 따라가요. 이 세 명을 '삼사(三使)'라고 불러요. 삼사 뒤로는 통역을 맡은 통사, 글을 짓거나 글씨를 쓰는 제술관, 서기, 통신사를 호위하는 군관, 그림을 그리는 화원, 그리고 일본에서 요청한 의원들도 따랐어요. 그뿐만 아니라 말 위에서 재주를 부리며 무예를 선보이는 마상재인과 춤을 추는 소동도 통신사 행렬에 포함되었어요.

일본에서도 조선 통신사를 맞이하려고 많은 준비를 했어요. 통신사 일행의 짐을 운반하기 위해 일꾼 30만 명과 말 8만 마리가 동원되었죠. 통신사 일행이 머무는 곳마다 환영 행사를 열었어요. 특히 오사카에서 요도가와 강을 거슬러 올라가는 통신사의 수상 행진와 교토에서 육로로 행진하는 통신사의 행렬을 보려고 수많은 구경꾼이 모여들었죠.

조선 통신사가 지나간 길이에요. 조선과 일본의 평화를 연결하는 길이기도 했어요.

## 전쟁을 넘어 평화와 교류의 물꼬를 트다

조선 통신사는 1607년부터 1811년까지 무려 2백 년 동안 모두 열두 번에 걸쳐 일본에 파견되었어요. 처음에는 일본의 요청을 들어주고 전쟁 포로를 데려오기 위해 파견했지만, 점차 두 나라 사이의 평화와 우호를 위한 문화 교류의 역할을 했어요.

특히 조선 통신사가 갈 때마다 글과 글씨를 주고받으면서 한시 낭송뿐 아니라 유학 교류도 이루어졌어요. 게다가 조선의 화원이 그린 그림을 비롯해 소동들의 춤에서 영향을 받은 것으로 보이는 일본 우시마도의 '가리코 춤'은 지금까지 전해지고 있어요. 1764년에 조선 통신사로 갔던 조엄은 쓰시마에서 자라는 고구마 종자를 구해 돌아와, 흉작 때 굶주린 사람들한테 도움을 줄 수 있었어요.

하지만 수백 명에 이르는 통신사와 함께 일본에 보낼 선물을 준비했던 조선은 물론, 통신

소동이 말 위에서 글씨를 써 주고 있어요. 통신사의 글을 받기 위해 일본 사람들이 줄을 섰다고 해요.

사 일행을 접대해야 했던 일본에서도 점점 부담을 느꼈어요. 결국 일본은 재정의 어려움과 함께 대기근, 폭동뿐 아니라 서구 열강의 일본 진출로 위기를 느끼면서 1811년 통신사를 마지막으로 조선 통신사를 받지 않게 되었답니다. 그 뒤로 두 나라는 평화로운 관계를 유지할 수 있었을까요?

아니요! 일본은 또다시 1875년에 군함 운요 호를 조선으로 보내 운요 호 사건을 일으켰어요. 1876년에는 이를 빌미로 침략의 발판을 마련하는 강화도 조약을 체결했고요. 이때 조선은 '수신사'라는 이름으로 일본에 조사 시찰단을 파견했지만, 예전의 통신사처럼 더 이상 '믿음으로 통하는' 관계를 맺을 수는 없었어요. 결국 1910년에 조선이 일본의 식민지가 되고 말았어요. 그리고 지금까지도 독도를 둘러싼 영토 분쟁과 역사 왜곡으로 빚어진 역사 전쟁이 계속되고 있어요.

우리가 조선과 일본의 평화와 우호를 위해 2백 년 동안 계속된 조선 통신사를 기억해야 하는 까닭이 바로 여기에 있어요.

한국과 일본 사이의 문화 교류 축제로 자리 잡은 지금의 조선 통신사 축제 모습이에요.

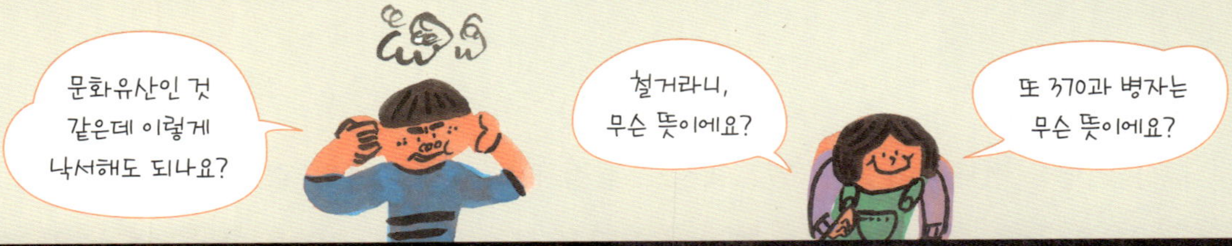

붉은색 페인트로 훼손된 삼전도비

# 삼전도비에 왜 낙서를 했을까?

2007년 2월, 서울시 송파구 석촌동에 있는 비석의 앞면과 뒷면에 붉은 스프레이로 낙서가 돼 있는 것을 어느 공무원이 발견하고는 경찰에 신고했어요. 얼마 뒤 범인이 붙잡혔는데, 이렇게 말했대요.

"정치인들이 나라를 잘못 이끌면 치욕의 역사를 되풀이하게 된다는 점을 경고하려고 삼전도비를 훼손했다."

그렇다면 이 비석의 이름이 '삼전도비'인 것 같은데 치욕의 역사는 뭘까요? 그 실마리는 바로 370이라는 숫자에 숨어 있어요. 범인은 '370'이라는 숫자가 1637년 조선의 인조 임금이 청나라 태종한테 무릎을 꿇은 지 370년이 지났다는 뜻이라고 했어요. '병자'라는 말은 어디선가 많이 들어보지 않았나요? 바로 1636년에 청나라가 조선을 침략해서 벌어진 전쟁인 '병자호란' 앞에 붙은 '병자'년을 뜻하는 거예요. 그러니까 이 전쟁의 결과로 만들어진 비석이 바로 이 '삼전도비'예요.

**그런데 왜 범인은 이 비석을 철거해야 한다고 했을까요?
병자호란 때 무슨 일이 있었던 걸까요?**

도대체 이 비석은 뭐죠?
누가, 언제, 왜 세웠죠?

## 병자호란, 치욕의 역사를 새기다

아래 사진을 보니까 계단 위에 지위가 높은 사람이 앉아 있고 그 아래에는 한 사람이 절을 올리고 있어요. 자세히 살펴보면 계단 위에 앉은 사람과 그를 둘러싼 사람들은 청나라 옷을 입고 있고, 절을 하고 있는 사람은 조선 옷을 입고 있어요. 이 장면은 전쟁에서 패한 조선의 왕 인조가 신하들이 입는 푸른색 관복을 입고 청나라 태종에게 세 번 큰절을 올리면서 한 번 절할 때마다 세 번씩 머리를 땅에 조아리는 '삼배구고두'의 예를 갖추는 모습을 조각한 것이에요. 인조는 왜 청나라 황제에게 이런 굴욕적인 모습으로 예를 갖춰야 했을까요?

약 390여 년 전, 조선에 조공을 바치던 여진족은 명나라가 어지러운 틈을 타 급속히 성장해서 후금이라는 나라를 세우고 조선을 침략했어요. 이때 여진족은 두 나라는 형제의 나라라는 약속을 하고 물러갔죠. 그러더니 얼마 뒤에는 나라 이름을

청나라 황제에게 무릎 꿇고 삼배구고두를 하는 인조의 모습이에요. 삼배구고두는 황제를 알현하는 신하들이 갖추는 인사 방법이에요. 이 조각은 삼전도비 옆에 만들어졌다가 지금은 철거되었어요.

청이라 고치고 조선에 신하의 예를 갖추라고 요구했어요. 하지만 인조는 명나라와 친하게 지내며 청나라와 국교를 단절했어요. 이에 청나라 태종은 1636년 12월 9일, 10만여 명의 군사를 이끌고 직접 조선을 침략했어요. 이것이 '병자호란'이에요.

청나라 군사를 피해 남한산성에 45일 동안 머물며 저항하던 인조는 결국 청나라 군대가 머물던 한강변 삼전도 나루터에서 강화 협정을 맺었어요. 이때의 처참한 기록이 「인조실록」에 남아 있어요. 남한산성을 나온 인조는 왕이 입는 곤룡포 대신 쪽빛 평민복을 입고 맨발로 삼전도에 있는 청나라 황제의 막사까지 걸어갔어요. 그러고 나서 앞 사진처럼 삼배구고두의 예를 갖추고 항복을 했죠. 게다가 청 태종은 인조의 항복을 받고서 전쟁의 승리를 축하하는 잔치를 열었어요. 술을 돌리고 음식을 떠들썩하게 나눠 먹으면서 부하들에게 활쏘기 시합을 시켰죠. 오후 3시가 지나서야 청 태종은 막사로 돌아가면서 인조한테 궁궐로 돌아가도 좋다는 허락을 해요.

강화 협정의 결과로 조선은 엄청난 굴욕을 당해야 했어요. 청나라에 신하의 예를 다해야 했고, 세자를 청나라에 볼모로 보내야 했어요. 끝까지 청나라와 싸울 것을 주장한 홍익한, 윤집, 오달제 같은 신하는 끌려가서 사형을 당했죠.

그리고 인조가 남한산성에 있을 때 한양과 경기도에서는 아주 처참한 포로 사냥이 벌어졌어요. 이 당시 청나라로 잡혀간 포로의 숫자가 50만 명에 이른다는 주장이 나오기도 했어요. 당시 조선의 인구가 1천만 명도 채 되지 않았으니 어마어마한 숫자예요. 당시 청나라 도읍인 심양까지 끌려간 사람들은 자신을 잡아온 청나라 군사의 노비가 되거나 다른 사람에게 팔려 가기도 했어요.

그리고 청나라 황제는 "마른 뼈에 다시 살이 붙고 차가운 뿌리에 다시 봄이 오도다. 우뚝한 돌비석이 큰 강의 머리에 섰도다. 삼한에는 만세토록 황제의 덕이 남으리로다."로 끝나는 글귀를 새긴 비석을 삼전도에 세우게 했던 거예요.

## 아픈 역사에서 배우다

병자호란은 1636년 12월 9일에 시작되어 1637년 1월 30일에 끝난 청의 침략 전쟁으로, 두 달이 채 안 된 굉장히 짧은 전쟁이었어요. 하지만 병자호란이 일어나기 40여 년 전 임진왜란을 7년 동안이나 겪은 조선을 정신적으로 더 큰 충격에 빠뜨렸어요.

「인조실록」에는 삼전도에서 항복을 한 인조가 창경궁으로 돌아가려고 가마에 오르자 잠실 벌판 곳곳에서 슬픈 울음소리가 크게 들렸다고 적혀 있어요. 심양으로 끌려가기로 예정된 포로들이 서울 도성으로 돌아가는 임금을 보면서 울음을 터뜨린 것이죠.

> 용골대로 하여금 군병을 이끌고 행차를 호위하게 하였는데, 길의 좌우를 끼고 상을 인도하여 갔다. 사로잡힌 자녀들이 바라보고 울부짖으며 모두 말하기를, "우리 임금이시여, 우리 임금이시여, 우리를 버리고 가십니까?" 하였는데, 길을 끼고 울며 부르짖는 자가 만 명을 헤아렸다.
> - 「인조실록」 34권, 15년(1637년) 1월 30일

인조는 마음이 괴로워서 이 소리를 못 들은 척하며 서울로 발걸음을 재촉했다고 해요. 인조에게는 포로들을 구출해 낼 아무런 힘도 방안도 없었거든요. 오히려 청나라에 끌려간 포로들이 조선으로 도망쳐 오면 도로 청나라로 보내 줘야 한다는 약속까지 청나라와 하고 말았죠. 포로의 가족들이 포로들을 되돌려 받고 싶으면 청나라로 가 주인들과 협상을 해서 큰 대가를 지불해야 했어요.

우리나라는 동아시아의 정세 변화에 따라 외국의 침공을 받거나 주변 국가들 간의 전쟁터가 된 경우가 종종 있었어요. 조선 시대에 있었던 1592년 임진왜란, 1636년 병자호란은 외국이 침략한 대표적인 사건이에요. 1894년 청나라와 일본 사이의 전쟁인 청일 전쟁과 1904년 러시아와 일본 사이에 일어난 전쟁인 러일 전쟁은 주변 강대국들의 이권 싸움 때문에 한반도가 전쟁의 회오리 속에서 휘말린 사례들입니다.

이런 불안한 상황은 지금도 계속되고 있어요. 우리나라는 세계에서 마지막으로 남은 분단국가예요. 남과 북이 휴전선을 사이에 두고 서로 맞서고 있고, 한반도를 둘러싸고 미국, 중국, 일본, 러시아 등이 팽팽히 힘을 겨루고 있어요.

삼전도비는 세워진 뒤 여러 차례 수난을 겪었어요. 고종의 명으로 강물에 빠지기도 하고, 해방 뒤에는 땅에 묻히기도 했어요. 맨 앞의 사진처럼 붉은 페인트 낙서로 훼손되기도 했죠. 감추고 싶은 부끄러운 역사라고 생각해서 그랬을 거예요. 하지만 분단국가인 우리나라의 현재를 생각하면, 병자호란은 과거에 끝난 역사가 아니라 현재 진행형 그리고 미래에 다시 재현될 수 있는 역사라는 차원에서 '기억하고 배워야 하는 역사'로 간직해야 하지 않을까요?

오랜 시간, 수난을 당하던 삼전도비는 다시 복원되어 처음 세워졌던 지금 자리로 옮겨졌어요.

# 찾아보기

갈돌과 갈판　27
개태사 철확　103
경원 여진자비　108
경주 분황사 모전석탑　63
고란사 벽화　76, 77
고려 불화　130~135
고려양　140, 141
고인돌　42~46
공민왕　136~139
광개토 대왕　55~58
광개토 대왕릉비　54~57
구석기시대　16~21
긁개　17
금동 미륵보살 반가 사유상　74, 75
금동 연가 칠년명 여래 입상　65
금동 타출 연꽃당초동자문 불경 상자　119
길상탑과 탑지　102
낙화암　76~79
노국 대장 공주　136~139
농경문 청동기　36~40
대성동 고분　48~51
도기 기마 인물형 뿔잔　72, 73
동래부 순절도　186~188
뚜르개　17
몽골풍　140, 141

무용총 수렵도　66, 67
밀개　17
반구대 암각화　28~35
발해　90~95
백제 금동 대향로　68, 69
병자호란　199~203
빗살무늬 토기　22~27
사직단　148
삼전도비　198~203
생의사 미륵 삼존불　65
서당　167
서산 용현리 마애 여래 삼존상　65
서울 북한산 신라 진흥왕 순수비　58
석굴암　82~89
선죽교　156~159
성균관　163~166
수산리 벽화　59
슴베찌르개　17
신사임당　180~185
아미타 삼존도　130~133
아집도 대련　110~113
안악 3호분 행렬도　51
앙부일구　174~177
오륜행실도　156~160
온달 산성　81

왕건  90~103
왕건 동상  90~101
왕세자 입학도첩  162~166
용비어천가  172
윤관  106, 108
의자왕  78
이이  180~184
이중섭  121
이차돈  62~63
이차돈 순교비  60, 61
임진왜란  186~191
자격루  178, 179
장경각  128
정몽주  156~160
정효 공주 무덤  90~93
조선 여진 분계도  109
조선 통신사  192~197
조선 통신사 내조도  192~195
조선왕조실록  160, 191
종묘  146, 147
종묘 제례  144~148
종묘 제례악  149
주먹 도끼  14~18
척경입비도  104~107
천마총 금관  70, 71

철기 시대  50~53
청동기 시대  40, 47
청자 상감 동화포도동자문 조롱박 모양
주전자와 받침  116~118
청자 상감 포도동자문 대접  118
초조대장경  126
초충도  182, 183
친경  41
태왕릉  57
태종  158~161
팔만대장경  122~129
평양성 탈환도  190
향·소·부곡  113, 115
혼일강리역대국도지도  150~154
황남대총  59
황룡사 구층 목탑 복원 모형  63
훈민정음  168~173

## 참고 도서

**단행본**

강명관, 『조선풍속사1~3』, 도서출판 푸른역사, 2010
국사편찬위원회 편, 『한국사2-구석기 문화와 신석기 문화』, 국사편찬위원회, 1997
국사편찬위원회 편, 『한국사15-고려 전기의 사회와 대외관계』, 국사편찬위원회,
국사편찬위원회 편, 『한국사20-고려 후기의 사회와 대외관계』, 국사편찬위원회,
김경복·이희근 지음, 『이야기 가야사』, 청아출판사, 2010
김기흥, 『천 년의 왕국 신라』, (주)창작과비평사, 2000
김용만, 『고구려의 발견』, 바다출판사, 1998
김정완·이주헌, 『철의 왕국 가야』, 통천문화사, 2006
김정희, 『불화, 찬란한 불교미술의 세계』, 돌베개, 2009
김태웅 외, 『우리 역사, 어떻게 읽고 생각할까: 국사자료 탐구활동 길잡이』, 아카넷, 2014
김현희·윤상덕·김동우, 『고대문화의 완성 통일신라·발해』, 통천문화사, 2005
동북아역사재단 편, 『발해의 역사와 문화』, 동북아역사재단, 2007
문명대, 『토함산 석굴』, 한언, 2000
문화재청 편, 『문화유산 교육 이렇게 해봐요-중등 교사를 위한 문화유산 교육 매뉴얼』, (주)눌와, 2009
박상진, 『나무에 새겨진 팔만대장경의 비밀』, 김영사, 2007
박용운, 『고려 시대사 상·하』, 일지사, 1985, 1987
박은봉, 『한국사 상식 바로잡기』, 도서출판 책과함께, 2007
박은봉, 『한국사 편지1~3』, 도서출판 책과함께, 2009
박종기, 『5백년 고려사』, 푸른역사, 1999
브라이언 페이건, 남경태 옮김, 『기후, 문명의 지도를 바꾸다』, 예·지, 2007
송기호, 『발해를 다시 본다』, 주류성, 1999
신동원, 『한국 과학사 이야기1~3』, 도서출판 책과함께, 2010, 2011, 2012
안주섭·이부오·이영화, 『영토한국사-민족 공동체를 위한 공간의 역사학을 향하여』, 소나무, 2006
역사문제연구소 기획, 『미래를 여는 한국의 역사1~3』, (주)웅진씽크빅, 2011
역사문제연구소, 『사진과 그림으로 보는 한국의 역사1~2』, (주)웅진닷컴, 1993
역사비평 편집위원회 엮음, 『논쟁으로 읽는 한국사1』, 역사비평사, 2009
유원재 편저, 『백제의 역사와 문화』, 도서출판 학연문화사, 1996
유홍준, 『유홍준의 한국 미술사 강의1~3』, (주)눌와, 2010, 2012, 2013
윤용혁, 『고려 대몽항쟁사 연구』, 일지사, 1991
이기담, 『온달, 바보가 된 고구려 귀족』, 푸른역사, 2004
이기백·이기동, 『한국사 강좌1-고대편』, 일조각, 1982
이기백, 『우리 역사의 여러 모습』, (주)일조각, 1996
이병희 외 8인, 『고등학교 역사 부도』, (주)금성출판사, 2014
이상목, 『반구대 암각화 이야기』, 리젬, 2011
이영문, 『고인돌 이야기』, 다지리, 2001
이야기 한국역사 편집위원회, 『이야기 한국역사 1~7』, 도서출판 풀빛, 1997
이한상, 『국립중앙박물관에는 어떤 보물이 있을까?』, 토토북, 2010

이한수,『고려에 시집온 칭기즈칸의 딸들』, 김영사, 2006
이희진,『의자왕을 고백하다-의자왕과 계백, 진실은 무엇인가?』, 도서출판 가람기획, 2011
임상택,『한국 중서부지역 빗살무늬토기문화 변동과정 연구』, 일지사, 2008
전국역사교사모임,『살아 있는 한국사 교과서1』, 휴머니스트, 2002
전호태,『울산의 암각화』, UUP(울산대학교 출판부), 2005
최경석,『청소년 한국사 수첩』, (주)양철북출판사, 2012
KBS 역사스페셜 원작,『역사스페셜1~6』, 효형출판, 2000~2003
한국생활사박물관 편찬위원회,『한국생활사박물관1~8』, (주)사계절출판사, 2000~2003
한국역사연구회,『고려시대 사람들은 어떻게 살았을까1~2』, 도서출판 청년사, 1997
홍나영·신혜성·이은진,『동아시아 복식의 역사』, (주)교문사, 2011

## 도록 및 보고서

『겨레와 함께 한 쌀』, 국립중앙박물관, 2000
『고고유물로 본 한국 고대국가의 형성』, 국립중앙박물관 편, 통천문화사, 1998
『고려불화대전-700년 만의 해후』, 국립중앙박물관, 2010
『동심-한국미술에 나타난 순수의 마음』, 이화여자대학교박물관, 2008
『문자, 그 이후-한국 고대 문자전』, 국립중앙박물관, 2011
『백제 금동 대향로』, 국립부여박물관, 2003
『북녘의 문화유산』, 국립중앙박물관 편, 삼인, 2006
『사경변상도의 세계, 부처 그리고 마음』, 국립중앙박물관 편, 지앤에이커뮤니케이션, 2007
『신라 황금-신비한 황금의 나라』, 국립경주박물관 편, 씨티파트너, 2001
『조선 시대 기록화의 세계-조·의·사·속』, 고려대학교 박물관, 2001
『짚·풀로 엮은 바구니』, 인병선 편, 사단법인 짚·풀문화연구회 / 짚·풀 생활사 박물관, 1996
『천 년의 지혜, 천 년의 그릇』, 불교중앙박물관, 2011
『천마, 다시 날다』, 국립경주박물관, 2014
『천하제일 비색청자』, 국립중앙박물관, 2012
『청동기 시대 마을 풍경』, 국립중앙박물관, 2010
『한국의 선·원사 토기』, 국립중앙박물관 편, 도서출판 신유, 1993
『호서지역의 청동기 문화』, 충남대학교 박물관, 2007
『황금의 나라 신라의 왕릉 황남대총』, 국립중앙박물관, 2010
경성대학교 박물관 편,『김해대성동고분군Ⅰ』, 경성대학교 박물관, 2000
충북대학교 박물관 편,『83충주댐 수몰지구 문화유적발굴조사 요약보고서』, 충북대학교 박물관, 1983
황수영·문명대 공저,『반구대 암벽조각』, 동국대학교 출판부, 1984

## 논문

노명호,「고려 태조 왕건 동상의 황제 관복과 조형 상징」,『북녘의 문화유산』, 국립중앙박물관, 2006
박혜원,「고려 불화, 제작에서 사용까지」,『고려불화대전』, 국립중앙박물관, 2010
방학봉,「발해 정효공주묘지병서에 대한 고역」,『발해사연구』1, 서울대학교 출판부, 1993
신인주,「삼국시대 마형토기 연구」,『단호문화연구』12, 2008
정병모,「발해 정효공주묘벽화 시위도의 연구」,『강좌미술사』14, 1999
최규성,「선춘령과 공험진비에 대한 신고찰」,『한국사론』34, 2002

## 사진 제공

DNP art 조선 통신사 내조도
간송미술관 묵포도도
강화 역사 박물관 고인돌 제작 장면
건국대학교 박물관 율곡 이이 선생 분재기
경성대학교 박물관 대성동 29호분 발굴 현장, 녹슨 대형도끼, 녹슨 화살촉
고려대학교 도서관 왕세자 입학도첩
고려대학교 박물관 척경입비도
관동대학교 박물관 소쿠리
국립 경주 박물관 생의사 미륵 삼존불, 천마총 금관
국립 고궁 박물관 공민왕과 노국 대장 공주 영정, 춘방 편액
국립 김해 박물관 도토리
국립 문화재 연구소 현릉, 현릉과 정릉 전경, 선죽교
국립 민속 박물관 망태기, 함안 동촌리 고인돌, 일성정시의
국립 전주 박물관 제사장
국립 중앙 박물관 주먹 도끼, 빗살무늬토기, 농경문청동기, 광개토 대왕릉비, 광개토 대왕릉비 탁본, 금동 연가 칠년명 여래 입상, 백제 금동 대향로, 금동 미륵보살 반가 사유상, 일제 강점기 때 발견된 석굴암, 길상탑지, 경원 여진자비, 문인석, 청자투각용머리장식붓꽂이, 나전 칠 함, 청자 상감 포도동자문 대접, 금동 타출 연꽃당초동자문 불경 상자, 수령 옹주 묘지명, 오륜행실도, 숙명 공주 편지, 휴대용 앙부일구, 삼강행실도, 서당
국립 청주 박물관 슴베찌르개, 긁개, 밀개, 뚜르개, 단산오옥
국립 춘천 박물관 승경도 놀이판
국립 현대 미술관 애들과 물고기와 게
규장각 조선 여진 분계도, 혼일강리역대국도지도
단양 시청 온달 산성
대한가족 보건복지 협회 가족 계획 포스터
동북아 역사 재단 안악 3호분 벽화, 수산리 고분 벽화
문화재청 서산 용현리 마애 여래 삼존상, 팔부중, 석굴암 천장, 박익묘 벽화, 신주, 정몽주 초상, 삼강행실도, 부산진 순절도
박찬희 전곡 선사 박물관 구석기 사람들, 돌과 모루, 전곡 선사 박물관 채집하는 여인, 빗살무늬 토기 전시, 갈돌과 갈판, 반구대 암각화가 있는 절벽, 동피랑 벽화, 농경문 청동기 전시, 강화 부근리 고인돌, 국립 민속 박물관에 전시 중인 청동기 시대 마을, 대성동 29호분 제작 장면, 서울 북한산 신라 진흥왕 순수비가 서 있던 자리, 황남대총, 이차돈 순수비, 분황사 모전 석탑, 황룡사 구층 목탑 복원 모형, 천마총 발굴 재현, 기마 인물형 뿔잔, 고란사 벽화, 석굴암 수학여행, 인왕상, 사천왕상, 문수보살, 라홀라, 허공장보살, 정효 공주 무덤 재현, 정효 공주 무덤 벽화 재현, 정효 공주 무덤 묘지명 모형, 청동 부절, 해인사 길상탑, 개태사 철확, 청자 상감 동화포도동자문 조롱박모양 주전자와 받침, 해인사 장경각, 김영환 대령 훈장, 고려 불화 대전, ·어두운 전시장, 앙부일구를 보는 아이들, 종묘 공민왕 신당
북앤포토 낙화암, 사직단, 삼배구고두 조각
삼성미술관 리움 아집도 대련, 아미타 삼존도
서강대학교 로욜라 도서관 훈민정음
성신여자대학교 박물관 승경도 놀이 도구
시사인 반구대 암각화
신라 역사 과학관 석굴암 모형
연합신문 제주도 사람 발자국 화석, 주먹 도끼 전시, 태왕릉, 의자왕 단, 정효 공주 무덤 발굴 장면, 해인사 장경판전 내부, 종묘 제례 재현, 종묘 정전, 용비어천가, 조선 통신사 축제
오산리 선사 유적 박물관 토기 제작 모습
오죽헌 시립미술관 수박과 여치, 맨드라미와 개구리
울산 암각화 박물관 반구대 암각화 도면
위키피디아 종묘 제례악, 앙부일구, 코 무덤
육군 박물관 동래부 순절도
지식산업사 왕건 동상, 왕건 발과 발바닥
충북대학교 박물관 황석리 고인돌 발굴 사진
한겨레신문사 훼손된 삼전도비

*이 책에 수록된 사진 중 일부는 저작권자를 찾지 못하여 게재 허락을 받지 못한 상태로 출간되었습니다. 저작권자를 확인하는 대로 최선을 다해 협의하겠습니다.